Leckere Gerichte mit
HACK FLEISCH

KÖNEMANN

Hackfleisch vom Rind

Rinderhackfleisch kann man in unterschiedlicher Qualität kaufen; dennoch wird man mit feinem, magerem Rindfleisch stets die besten Ergebnisse erzielen. Es eignet sich vorzüglich für Fleischbällchen, Hamburger und aromatische Fleischgerichte. Durch Kräuter, Gemüse und Gewürze lassen sich die Rezepte ergänzen und unbegrenzt variieren.

❖ ❖ ❖ ❖

Burger mit Mozzarella und Pesto

Vorbereitungszeit:
25 Min.
Zubereitungszeit:
16 Min.
Für 6 Personen

1 kg Rinderhackfleisch
1 kleine Zwiebel, feingeschnitten
1 TL getrockneter Oregano
2 EL Tomatenmark
50 g Mozzarella
Focaccia-Brot
2 Tomaten, in Scheiben geschnitten

Pesto
1 ½ Becher Basilikumblätter
⅓ Becher Pinienkerne
½ Becher geriebener Parmesankäse
1 Knoblauchzehe, zerdrückt
125 ml Olivenöl

1 Hackfleisch, Zwiebel, Oregano und Tomatenmark in eine große Rührschüssel geben und gut vermengen. Die Mischung in 6 gleich große Portionen teilen und 1 ½ cm dicke Pastetchen formen. Käse in 3 cm lange und 1 cm dicke Streifen schneiden. Mit dem Daumen in jeden Burger eine kleine Vertiefung drücken, Käse hineinlegen und Hackfleisch darüber wieder verschließen. Bis zur Weiterverwendung kalt stellen.

2 Zubereitung des Pesto: Basilikum, Pinienkerne, Parmesan und Knoblauch in Küchenmaschine oder Mixer geben. Bei mittlerer Geschwindigkeit pürieren, dabei langsam Öl zugießen, bis die Masse glatt ist. In eine kleine Schüssel umfüllen und mit Klarsichtfolie abdecken.

Burger mit Mozzarella und Pesto (links) und Spaghetti mit herzhaftem Rindsragout (Rezept Seite 4)

HACKFLEISCH VOM RIND

3 Grill oder Bratpfanne vorheizen und dünn mit Öl bestreichen. Burger bei mittlerer Hitze auf jeder Seite 8 Minuten braten. Auf getoastetem Focaccia-Brot mit Tomatenscheiben und Pesto servieren.

Spaghetti mit herzhaftem Rindsragout

Vorbereitungszeit:
  20 Min.
Zubereitungszeit:
  45 Min.
Für 6 Personen

2 EL Öl
800 g Hackfleisch vom Rind
1 Zwiebel, feingehackt
2 Knoblauchzehen, zerdrückt
1 große rote Paprika, gewürfelt
80 ml Tomatensauce
Tomaten aus der Dose (2 x 410 g), kleingeschnitten
80 ml Rotwein
2 mittelgroße Zucchini, in 1 cm dicke Scheiben geschnitten
1 TL getrockneter Thymian
1 TL getrockneter Rosmarin
1 TL getrocknetes Basilikum
½ TL Muskatnuß
750 g Spaghetti

1 Das Öl in einer großen Bratpfanne erhitzen; Hackfleisch, Zwiebel und Knoblauch hineingeben. Bei mittlerer Hitze 5 Minuten goldbraun braten, bis die Flüssigkeit nahezu verdunstet ist; dabei das Hackfleisch mit einer Gabel zerdrücken.
2 Die restlichen Zutaten bis auf die Spaghetti zufügen und bei geringer Hitze zugedeckt 30 Minuten köcheln lassen.
3 Die Spaghetti in einem großen Topf in sprudelnd heißem Wasser garkochen. Mit herzhaftem Rindsragout und geriebenem Parmesan sofort servieren.

Hinweis: Das französische Wort „Ragout" wird wie „ragu" ausgesprochen und heißt „Eintopfgericht".

Kräuterfrikadellen mit Karamelzwiebeln

Vorbereitungszeit:
  25 Min.
Zubereitungszeit:
  46 Min.
Für 6 Personen

1 kg Rinderhackfleisch
¼ Becher Sauerrahm
1 TL getrockneter Thymian
1 TL getrocknetes Basilikum
1 TL getrockneter Rosmarin

Karamelzwiebeln
1 EL Olivenöl
3 mittelgroße rote Zwiebeln, in Ringe geschnitten
1 EL Balsamessig (Aceto balsamico)
2 TL Honig

1 Hackfleisch, Sauerrahm und Kräuter in eine große Rührschüssel geben und kräftig vermengen. Die Masse in sechs Portionen teilen und 1½ cm dicke Pasteten formen. Bis zur weiteren Verwendung kalt stellen.
2 Zubereitung der Karamelzwiebeln:
Öl in einer großen Pfanne erhitzen, Zwiebeln hineingeben und 20 Minuten bei schwacher Mittelhitze dünsten. Die Zwiebeln sollten sehr zart und goldbraun sein. Essig und Honig zufügen und weitere 10 Minuten unter mehrmaligem Rühren schmoren.
3 Grill oder Bratpfanne vorheizen und dünn mit Öl bestreichen. Die Frikadellen bei mittlerer Temperatur auf jeder Seite 8 Minuten braten. Mit Salat und den warmen Karamelzwiebeln anrichten.

> **TIP**
> Die Frikadellen lassen sich mit nassen Händen leichter formen. Hackfleischmasse kann zur späteren Verwendung eingefroren werden.

Kräuterfrikadellen mit Karamelzwiebeln

Hackfleisch vom Rind

Leckere Gerichte mit Hackfleisch

Rind-Pimiento-Terrine mit Käse

Vorbereitungszeit: 20 Min.
Zubereitungszeit: 1 Std.
Für 6 Personen

1 kg Rinderhackfleisch
2 Becher Paniermehl aus ofenfrischem Weißbrot
¼ Becher Tomatenmark
1 EL getrocknetes Senfpulver
2 TL getrocknete Kräuter, gemischt
2 Knoblauchzehen, zerdrückt
1 verquirltes Ei
1 Becher Pimiento, kleingehackt
⅓ Becher frisches Basilikum, feingehackt
2 EL schwarze Oliven, zerkleinert
250 g Ricotta-Käse
125 g Feta-Käse

1 Ofen auf 180 °C vorheizen. Eine Stollenform (12 x 14 x 7 cm) mit Alufolie auslegen. Hackfleisch in einer großen Rührschüssel mit Paniermehl, Tomatenmark, Senf, gemischten Kräutern, Knoblauch und Ei vermischen. In 3 Portionen teilen.
2 Pimiento, Basilikum und Oliven vermischen.
3 Ein Drittel der Hackfleischmischung gleichmäßig auf dem Boden einer vorbereiteten Backform verteilen. Die Hälfte der Pimiento-Mischung daraufgeben. Mit dem zweiten Drittel der Hackfleischmischung bedecken, dann die restliche Pimiento-Mischung und das letzte Drittel der Hackfleischmischung daraufgeben. 1 Stunde backen, bis die Terrine goldbraun und gar ist. Terrine 5 Minuten hochkant stellen und Flüssigkeit abfließen lassen; stürzen und in Scheiben geschnitten servieren.
4 Ricotta-Käse und Feta vermengen und als Beilage reichen.

Rindfleisch-Kürbis-Risotto

Vorbereitungszeit: 15 Min.
Zubereitungszeit: 15 Min.
Für 4 Personen

60 g Butter
1 EL Öl
1 mittelgroße Zwiebel, in Ringe geschnitten
2 Knoblauchzehen, zerdrückt
350 g Rinderhackfleisch
2 Becher Arborio- oder Langkornreis
250 ml Weißwein
1¼ l heiße Hühnerbrühe
750 g Kürbis, in 2 cm große Würfel geschnitten
250 g Champignons, in Scheiben geschnitten
⅔ Becher geriebener Parmesankäse
⅓ Becher Petersilie, kleingehackt

1 Butter und Öl in einer großen Pfanne erhitzen, Zwiebeln und Knoblauch zufügen und unter Rühren bei mittlerer Hitze 2 Minuten hellbraun braten.
2 Rinderhackfleisch zugeben und bei hoher Temperatur 4 Minuten anbraten, bis sämtliche Flüssigkeit verdunstet ist; dabei das Hackfleisch mit einer Gabel zerdrücken.
3 Den Reis zugeben und 1 Minute braten. Wein zugießen und zum Kochen bringen. Hitze zurücknehmen und unter Rühren 2 Minuten köcheln lassen, bis die Flüssigkeit absorbiert ist. Ein Viertel der Hühnerbrühe zugeben und 2 Minuten weiterrühren, bis die Flüssigkeit eingezogen ist.
4 Im folgenden jeweils ein Viertel der Brühe zugeben, den Kürbis und die Pilze daruntermischen, nachdem die Hälfte der Hühnerbrühe zugegossen ist. Auf diese Weise fortfahren, bis die restliche Flüssigkeit zugefügt und der Reis gar ist.
5 Vom Herd nehmen, Käse und Petersilie unterrühren und servieren.

Rind-Pimiento-Terrine mit Käse (oben) und Rindfleisch-Kürbis-Risotto

Fleischpastete

Vorbereitungszeit:
35 Min.
Zubereitungszeit:
50 Min.
Für 6 Personen

Mürbeteig
1 gehäufter Becher Mehl
½ TL Backpulver
90 g Butter, in Flöckchen geschnitten
1½ EL Wasser

Füllung
1 EL Öl
2 Scheiben Speck, kleingehackt
1 kleine Zwiebel, feingehackt
750 g Rinderhackfleisch
2 EL Mehl, zusätzlich
375 ml Rinderbrühe
125 ml passierte Tomaten
2 EL Worcestersauce
2 TL getrocknete Kräuter
1 TL Senfpulver

Blätterteighaube
½ Packung (etwa 190 g)
Tiefkühl-Blätterteig
1 verquirltes Ei

1 Den Backofen auf 210 °C vorheizen.
Zubereitung des Mürbeteigs: Mehl und Backpulver in eine große Rührschüssel sieben und die Butter zugeben. Die Butter mit den Fingerspitzen 2 Minuten unter das Mehl mengen, bis die Masse eine feinkörnige Struktur zeigt. Nahezu alles Wasser zufügen und zu einem festen Teig verarbeiten; bei Bedarf restliches Wasser zugeben. Auf ein dünn mit Mehl bestäubtes Brett geben und noch 1 Minute kneten, bis der Teig glatt ist. Mit Klarsichtfolie abdecken und 30 Minuten kalt stellen. Teig zwischen zwei Stücken Klarsichtfolie so ausrollen, daß er Boden und Rand einer 24 cm großen Kuchenform bedeckt.

2 Zubereitung der Füllung: Das Öl in einer schweren Pfanne erhitzen; Speck und Zwiebeln hineingeben. Unter Rühren bei mittlerer Hitze 5 Minuten hellbraun braten. Fleisch zugeben und bei starker Hitze braten, bis die Flüssigkeit verdunstet ist; dabei das Hackfleisch mit einer Gabel zerdrücken. Mehl zufügen und noch 1 Minute rühren.
3 Brühe, passierte Tomaten, Sauce, Kräuter und Senf zugeben. Zum Kochen bringen; Hitze zurücknehmen und 8 Minuten ohne Deckel köcheln lassen, bis sämtliche Flüssigkeit verdunstet ist. Gelegentlich umrühren und kalt stellen. Ausgerollte Teigplatte mit der Gabel einstechen.
4 Zubereitung der Blätterteighaube: Teig zwischen zwei Klarsichtfolien ausrollen. Den Rand der

Fleischpastete

1. Teig zwischen zwei Klarsichtfolien ausrollen.

2. Für die Füllung Rindfleisch, Speck und Zwiebeln vermengen und goldbraun braten.

Pastetenhülle mit Ei bestreichen, Blätterteig auflegen, in Form schneiden und fest andrücken. Den Rand rundum einschneiden. Die Pastete mit Ei bestreichen. Aus dem abgeschnittenen Teigrand nach Belieben Blattformen zum Dekorieren ausschneiden. Die Haube an vier Stellen einschneiden, damit der Dampf entweichen kann. 14 Minuten backen. Temperatur auf 180 °C zurückschalten und weitere 25 Minuten backen, bis die Pastete goldbraun ist.

3. *Brühe, Tomatenmark, Sauce, Kräuter und Senf zur Rindfleischmischung geben.*

4. *Den Rand der Pastete rundherum bis zum Boden einschneiden.*

LECKERE GERICHTE MIT HACKFLEISCH

Rindfleisch-Pilz-Bolognese mit Käsepolenta

Vorbereitungszeit:
30 Min.
Zubereitungszeit:
20 Min.
Für 6 Personen

Käsepolenta
500 ml Milch
500 ml Wasser
2 TL Salz
1 ½ Becher Polenta
⅓ Becher geriebener Cheddar-Käse

Rindfleisch-Pilz-Bolognese
2 EL Öl
2 große Zwiebeln, feingehackt
3 Knoblauchzehen, zerdrückt
350 g Rinderhackfleisch
350 g kleine Champignons
1 Dose Tomaten (440 g)
250 ml passierte Tomaten
1 TL getrocknete Kräuter, gemischt

1 Backofen auf 180 °C vorheizen. Eine flache Kuchen- oder Pastetenform (Durchmesser 18 cm) mit zerlassener Butter oder Öl ausstreichen. Milch, Wasser und Salz in eine große Pfanne geben, aufkochen und nach und nach Polenta einrühren, bis ein glatter Brei entstanden ist. Hitze zurücknehmen und die Mischung 15 Minuten unter ständigem Rühren solange kochen, bis sie sehr zähflüssig ist. Käse zugeben und schmelzen. Die Masse in der vorbereiteten Backform verstreichen und 20 Minuten backen, bis sie fest ist. Polenta in keilförmige Stücke schneiden.
2 **Zubereitung der Rindfleisch-Pilz-Bolognese:** Das Öl in einer mittelgroßen Bratpfanne erhitzen, Zwiebeln und Knoblauch zugeben und unter Rühren bei mittlerer Hitze 2 Minuten hellbraun braten. Rinderhackfleisch zufügen und bei hoher Temperatur 4 Minuten kräftig anbraten, bis die Flüssigkeit verdunstet ist; dabei das Hackfleisch mit einer Gabel zerdrücken.
3 Pilze, Tomaten mit Saft, passierte Tomaten und Kräuter zum Kochen bringen und zugedeckt bei schwacher Hitze 15 Minuten köcheln lassen, bis die Mischung eingekocht und zähflüssig ist. Mit Polenta-Stücken servieren.

Rindsschmortopf mit Petersilienmakronen

Vorbereitungszeit:
40 Min.
Zubereitungszeit:
30 Min.
Für 4 Personen

500 g Rinderhackfleisch
⅔ Becher Paniermehl aus frischem Weißbrot
4 Knoblauchzehen, zerdrückt
1 EL Worcestersauce
Mehl
3 EL Öl
3 große Zwiebeln, in Achtel geschnitten
125 ml Weinessig (rot)
⅓ Becher Pflaumenmus
750 ml Rinderbrühe

Petersilienmakronen
1½ Becher Mehl
½ TL Backpulver
20 g Butter
2 EL frische Petersilie, kleingehackt
200 ml Milch

1 Den Backofen auf 210 °C vorheizen. Das Hackfleisch in eine mittelgroße Rührschüssel geben und mit Paniermehl, Knoblauch und Worcestersauce vermischen. Gehäufte Eßlöffel der Mischung zu Bällchen formen. Mehl auf ein Stück Pergamentpapier geben. Die Fleischbällchen darin wälzen und überschüssiges Mehl abschütteln.

Rindsschmortopf mit Petersilienmakronen (oben) und
Rindfleisch-Pilz-Bolognese mit Käsepolenta

2 Das Öl in einer schweren Pfanne erhitzen und eine Lage Fleischbällchen bei mittlerer Hitze 4 Minuten unter mehrmaligem Wenden gut anbraten. Auf Küchenpapier abtropfen lassen, dann in eine flache, feuerfeste Form legen.
3 Zwiebel in die Pfanne geben und bei mäßiger Hitze unter ständigem Rühren 2 Minuten hellbraun braten. Essig, Pflaumenmus und Brühe zufügen und aufkochen. Die Hitze zurücknehmen und ohne Deckel 4 Minuten köcheln, bis die Zwiebeln weich sind; über die Fleischbällchen gießen.
4 **Zubereitung der Petersilienmakronen:** Das Mehl in eine Rührschüssel sieben und Butter zugeben. Die Butter mit den Fingerspitzen unter das Mehl mengen, bis eine feine, körnige Struktur entsteht. Petersilie unterrühren. Milch zufügen und mit einem Messer gut vermischen. Mit einem Eßlöffel Makronen formen und gleichmäßig über den Fleischbällchen verteilen. 30 Minuten goldbraun backen.

Würzige Rindfleisch-Empanadas

Vorbereitungszeit:
  30 Min.
Zubereitungszeit:
  10 Min.
Ergibt 20 Empanadas

Fleischfüllung
1 EL Öl
1 große Zwiebel, kleingeschnitten
2 Knoblauchzehen, zerdrückt
2 rote Chilischoten, kleingehackt
375 g Rinderhackfleisch
250 ml passierte Tomaten
½ TL Gewürzmischung
2 TL Kreuzkümmel, gemahlen

Teigtaschen
5 Platten gebrauchsfertiger Mürbeteig
125 ml Sauerrahm
1 Becher geriebener Cheddar-Käse
Pflanzenöl zum Frittieren

1 **Zubereitung der Fleischfüllung:** Das Öl in einer Pfanne erhitzen. Zwiebel, Knoblauch und Chili zugeben und 2 Minuten unter ständigem Wenden anbraten, bis die Zwiebel weich ist. Hackfleisch zugeben und 4 Minuten bei starker Hitze braten, bis sämtliche Flüssigkeit verdunstet ist; dabei das Hackfleisch mit einer Gabel zerdrücken. Passierte Tomaten, die Gewürzmischung und den Kreuzkümmel hineingeben. Nach kurzem Aufkochen Hitze zurücknehmen und ohne Deckel 5 Minuten köcheln lassen, bis die Mischung eingedickt ist. Kalt stellen.
2 Die Teigplatten kreisförmig ausschneiden; als Form eignet sich eine Untertasse (12 cm Durchmesser). Die Kreise auf der Arbeitsfläche auslegen.
3 Die Fleischfüllung auf die Teigkreise verteilen und Sauerrahm mit Käse daraufgeben. Den Teig so falten, daß die Füllung eingeschlossen ist; die Ränder mit einer Gabel fest zusammendrücken.
4 Zum Frittieren das Öl in einer schweren Pfanne mäßig erhitzen. Je vier Teigtaschen vorsichtig in das Öl gleiten lassen. 2 Minuten frittieren, bis sie rösch und goldbraun sind. Mit einem Schaumlöffel vorsichtig aus dem Öl nehmen. Auf Küchenpapier abtropfen lassen. Im vorgeheizten Backofen warm halten. Mit den restlichen Empanadas ebenso verfahren.

Hinweis: Wenn man die Samen der Chilischoten entfernt, sind sie nicht mehr so scharf. Als Dipsauce eignet sich Chutney- oder Chilisauce.

Würzige Rindfleisch-Empanadas

Hackfleisch vom Rind

Fleisch-Kartoffel-Pastete mit Mandeln

Vorbereitungszeit:
15 Min.
Zubereitungszeit:
1 Std. 30 Min.
Für 8 Personen

1 kg Hackfleisch vom Rind
1 Becher Paniermehl
2 Stangen Sellerie, feingehackt
1 große Zwiebel, gewürfelt
1 EL frisch gemahlener Ingwer
2 Knoblauchzehen, zerdrückt
1 EL Currypulver
1 EL Garam Masala
⅔ Becher Naturjoghurt
2 verquirlte Eier
2 Becher Kartoffelbrei
⅔ Becher Mandelsplitter

1 Backofen auf 180 °C vorheizen. Eine runde Kuchenform (20 cm) einfetten. Rinderhackfleisch, Paniermehl, Sellerie, Zwiebeln, Ingwer, Knoblauch, Currypulver, Garam Masala, Joghurt und Ei vermengen und in die Form drücken. 1 Stunde 15 Minuten goldbraun backen. Die Flüssigkeit abgießen; die Pastete auf ein Backblech umsetzen.
2 Die Pastete rundum mit Kartoffelbrei bestreichen und Mandeln hineindrücken. Backofentemperatur auf starke Mittelhitze schalten und die Pastete bei 210 °C 15 Minuten backen, bis die Mandeln goldbraun sind. In keilförmige Stücke schneiden und servieren.

Pfannengerührtes Rind mit Vermicelli

Vorbereitungszeit:
30 Min.
Zubereitungszeit.
15 Min.
Für 4 Personen

Fleischbällchen
500 g Rinderhackfleisch
4 Frühlingszwiebeln, gehackt
1 EL Sojasauce
2 Becher Paniermehl
1 verquirltes Ei
Bratfett (Öl)

100 g Vermicelli (Nudeln)
1 EL Öl
1 EL Sesamöl
1 große Zwiebel, in Achtel geschnitten
1 große rote Paprikaschote, in Streifen geschnitten
2 Becher Kohl, in feine Streifen geschnitten
2 Knoblauchzehen, zerdrückt
2 TL gemahlener Ingwer
1 Dose Bambussprossen (230 g), in Scheiben geschnitten
3 TL Maismehl
750 ml Hühnerbrühe
1 EL Sojasauce
¼ Becher Pflaumensirup

1 Fleischbällchen: Rinderhackfleisch in einer Rührschüssel mit Frühlingszwiebeln, Sojasauce, Paniermehl und Ei vermengen. Eßlöffelgroße Bällchen daraus formen. Öl in einer Pfanne erhitzen. Eine Lage Fleischbällchen bei mittlerer Hitze rundum 4 Minuten braten. Auf Küchenpapier abtropfen lassen.
2 Nudeln in einer Schüssel mit heißem Wasser übergießen und 10 Minuten stehen lassen; abseihen und beiseite stellen.
3 Öl und Sesamöl erhitzen, Zwiebeln und Paprika zugeben; bei starker Hitze 2 Minuten anbraten, mehrmals wenden. Kohl, Knoblauch und Ingwer zugeben und 1 Minute braten. Bambussprossen und Fleischbällchen zufügen und weitere 2 Minuten braten.
4 Maismehl, mit etwas Brühe angerührt, die restliche Brühe, Sojasauce und Pflaumensirup zugeben. Unter Rühren garen, bis das Gemüse weich ist und die Fleischbällchen gar sind. Die Nudeln untermischen.

Fleisch-Kartoffel-Pastete mit Mandeln (oben) und Pfannengerührtes Rind mit Vermicelli

Hackfleisch vom Rind

Picknick-Burger mit Sahnemeerrettich

Vorbereitungszeit:
20 Min.
Zubereitungszeit:
16 Min.
Für 6 Personen

750 g Rinderhackfleisch
1 Becher Paniermehl aus ofenfrischem Weißbrot
½ TL fein abgeriebene Zitronenschale
5 Tropfen Tabascosauce
1 verquirltes Ei
6 Austern

Sahnemeerrettich
125 ml Sauerrahm
2 TL Meerrettich-Extrakt

1 Hackfleisch, Paniermehl, Zitronenschale, Tabasco und Ei in eine große Rührschüssel geben und gründlich vermengen. Die Masse in 6 gleich große Portionen teilen und 1½ cm dicke Burger formen. Mit dem Daumen eine kleine Vertiefung in die Oberfläche drücken, eine Auster hineingeben, mit Hackfleisch glattstreichen und vollständig verschließen. Bis zur Weiterverwendung kalt stellen.
2 Sahnemeerrettich: Zutaten in einer Schüssel vermengen und vorübergehend kalt stellen.
3 Grill oder Bratpfanne vorheizen und dünn mit Öl bestreichen. Burger bei mittlerer Hitze auf jeder Seite 8 Minuten backen, dabei nur einmal wenden. Auf Hamburger-Brötchen mit in Streifen geschnittenem Salat und Sahnemeerrettich servieren.

Blätterteigrollen mit Rindfleisch-Pilz-Ragout in Brandy

Vorbereitungszeit:
30 Min.
Zubereitungszeit:
30 Min.
Für 4 Personen

500 g Rinderhackfleisch
1 Zwiebel, gewürfelt
¼ Becher Tomatenmark
2 EL frischer Rosmarin, kleingehackt
1 EL Öl
30 g Butter
375 g Packung Blätterteig
Milch zum Glasieren

Füllung
60 g Butter
1 Stange Sellerie, kleingeschnitten
125 g Pilze, kleingehackt
2 Knoblauchzehen, zerdrückt
80 ml Brandy
125 ml Crème fraîche

1 Backofen auf 210 °C (starke Mittelhitze) vorheizen. Backblech einfetten. Rinderhackfleisch, Tomatenmark und Rosmarin vermengen. Die Masse in vier Portionen teilen; jede Portion zu einer etwa 12 cm langen Rolle formen.
2 Öl und Butter in einer Pfanne erhitzen. Die Rollen hineingeben und bei mittlerer Hitze 4 Minuten backen, um die Poren zu schließen; dabei gelegentlich wenden. Hitze reduzieren und weitere 5 Minuten garen; gelegentlich wenden. Auf Küchenpapier abtropfen und abkühlen lassen.
3 Füllung: Butter in einer Pfanne erhitzen, Sellerie, Pilze und Knoblauch hineingeben und bei mittlerer Hitze unter ständigem Rühren 2 Minuten anbraten, bis das Gemüse weich ist. Brandy und Crème fraîche zugeben, 2 weitere Minuten braten, bis die Mischung eingekocht und sämig ist. Kalt stellen.
4 Teig in vier Portionen teilen; je auf einer dünn mit Mehl bestäubten Fläche rechteckig ausrollen (25 x 15 cm). Ecken ausschneiden. Die Füllung in der Mitte verteilen und die Rollen darauf legen. Den Teig mit Milch bestreichen, aufwickeln und die Enden fest zusammendrücken. Mit der Naht nach unten auf ein Backblech legen und mit Milch bestreichen. 30 Minuten goldbraun backen.

Picknick-Burger mit Sahnemeerrettich (oben)
Blätterteigrollen mit Rindfleisch-Pilz-Ragout in Brandy

Hackfleisch vom Rind

Gefüllte Tomaten

Vorbereitungszeit:
 20 Min.
Zubereitungszeit:
 40 Min.
Für 6 Personen

¼ Becher Burghul
 (geschroteter Weizen)
80 ml heißes Wasser
1 EL Öl
1 kleine Zwiebel, gehackt
500 g Hackfleisch vom Rind
50 g gedörrte Tomaten, in dünne Scheiben geschnitten
2 EL Tomatenmark
1 EL Barbecue-Sauce (Grillsauce)
1 TL getrockneter Oregano
1 EL gehackte Petersilie
6 große, feste Tomaten
2 TL Olivenöl

1 Backofen auf 180 °C (Mittelhitze) vorheizen. Eine tiefe Backform mit Öl ausstreichen. Burghul in eine Schüssel geben und heißes Wasser zufügen. 15 Minuten quellen lassen, dann überschüssige Flüssigkeit herausdrücken. Öl in einer Pfanne erhitzen; Zwiebel und Hackfleisch zugeben und unter Rühren 5 Minuten anbraten; dabei das Hackfleisch mit einer Gabel zerdrücken. Vom Herd nehmen und überschüssige Flüssigkeit abgießen. Masse in eine Rührschüssel füllen.
2 Burghul, gedörrte Tomaten, Tomatenmark, Barbecue-Sauce und Kräuter zur Hackfleischmischung geben und gut mischen.
3 Eine 2 cm dicke Scheibe vom Boden der Tomaten abschneiden und diese aushöhlen. Dann mit der Hackfleischmischung füllen und den „Deckel" aufsetzen.
4 Tomaten mit Öl bestreichen und mit 3 cm Abstand in die Backform setzen. 35 Minuten backen.

Gefüllte Tomaten

1. Öl in einer Bratpfanne erhitzen; Zwiebeln und Hackfleisch hineingeben.

2. Burghul, gedörrte Tomaten, Tomatenmark, Barbecue-Sauce, Kräuter zugeben.

3. Samen und Trennwände aushöhlen und mit der Hackfleischmischung füllen.

4. Jede Tomate rundum mit Öl bestreichen und in eine Backform geben.

Paprika-Fleischbällchen mit Nudeln

Vorbereitungszeit:
25 Min.
Zubereitungszeit:
50 Min.
Für 6 Personen

850 g Rinderhackfleisch
½ Becher Paniermehl
1 verquirltes Ei
½ TL schwarzer gemahlener Pfeffer
1 EL getrockneter Oregano
2 EL Öl
2 EL Öl, zusätzlich
1 große Zwiebeln, in Scheiben geschnitten
2 mittelgroße grüne Paprikaschoten, in 1 cm breite Streifen geschnitten
1 EL Mehl
2 TL Paprika
1 TL Kümmel
500 ml Rinderbrühe
1 Dose Tomatenpüree
2 Lorbeerblätter
2 EL Tomatenmark
60 ml Sauerrahm
750 g Fettuccine (Nudeln)

1 Hackfleisch, Paniermehl, Ei, Pfeffer und Oregano in eine große Rührschüssel geben und gut mischen. Jeweils einen gehäuften Eßlöffel von der Masse abnehmen und 30 Bällchen formen.
2 Öl in einer großen Antihaft-Bratpfanne erhitzen. Die Fleischbällchen bei mittlerer Temperatur 5 Minuten braten; dabei die Pfanne von Zeit

zu Zeit schütteln, bis sie rundum braun sind. In mehreren Partien backen (die Pfanne darf nicht zu voll sein).

3 Zusätzliches Öl in einer Pfanne erhitzen. Zwiebel und Paprika hineingeben und unter ständigem Rühren 2 Minuten dünsten, bis sie gar sind. Den Bratensaft von den Fleischbällchen in der Pfanne erhitzen; Mehl, Paprika und Kümmel zugeben und unter ständigem Rühren 2 Minuten dünsten. Nach und nach die Brühe unterrühren; bei geringer Hitze 2 Minuten köcheln lassen. Brühensauce, Tomatenpüree und Lorbeerblätter mit dem Gemüse in einem Topf vermengen. Zum Kochen bringen und die Fleischbällchen hineingeben. Zugedeckt bei schwacher Hitze 20 Minuten köcheln lassen. Tomatenmark zufügen und ohne Deckel weitere 15 Minuten dünsten; gelegentlich umrühren.
4 Nudeln in einem Topf in sprudelnd heißem Wasser garkochen; abgießen. Sauerrahm über die Fleischbällchen geben. Vorsichtig vermengen und sofort mit den Nudeln anrichten.

Rindsklößchen mit würziger Tomatenbutter

Vorbereitungszeit:
30 Min.
Zubereitungszeit:
20 Min.
Für 4 Personen

500 g Hackfleisch vom Rind
1 Becher gekochter Reis
2 TL Currypulver
2 EL Öl

Würzige Tomatenbutter
1 EL Öl, zusätzlich
1 große Zwiebel, feingehackt
2 Knoblauchzehen, zerdrückt
1 EL gemahlener Ingwer
2 TL gemahlener Kümmel
2 TL gemahlener Koriander
2 TL französischer Senf
2 TL Zucker
1 EL Tomatenmark
1 Dose Tomaten (440 g)
125 ml Wasser
60 g Butter

1 Rinderhackfleisch in eine große Rührschüssel geben und mit Reis und Currypulver gut vermengen. Aus der Masse acht gleich große Klößchen formen.
2 Öl in einer großen Bratpfanne erhitzen. Eine Lage Klößchen hineingeben; bei mittlerer Hitze auf jeder Seite 3 Minuten anbraten, bis sie gar sind. Aus der Pfanne nehmen und auf Küchenpapier

Paprika-Fleischbällchen mit Nudeln (oben), Rindsklößchen mit würziger Tomatenbutter

abtropfen lassen; warm stellen.
3 Würzige Tomatenbutter: In einem mittelgroßen Topf das zusätzliche Öl erhitzen. Zwiebeln, Knoblauch und Ingwer zugeben und 2 Minuten anbraten, bis die Zwiebeln weich sind. Kümmel, Koriander, Senf, Zucker, Tomatenmark, Tomaten mit Saft und Wasser zugeben und zum Kochen bringen; Hitze reduzieren und zugedeckt 10 Minuten köcheln lassen, bis die Sauce eingekocht und sämig ist. Vom Herd nehmen und im Rührgerät oder in der Küchenmaschine zu einer glatten Masse verarbeiten. Butter zugeben und rühren, bis die Masse sich gut vermischt hat. Über die Klößchen gießen und anrichten.

LECKERE GERICHTE MIT HACKFLEISCH

Hackfleisch vom Schwein und vom Kalb

Man kann beide Hackfleischsorten separat kaufen und selbst kombinieren oder als fertige Mischung beim Metzger verlangen. Es eignet sich sehr gut als Füllung für Ravioli und Cannelloni, ergibt aber auch ausgezeichnete, leichte Saucen für Nudelgerichte. Frische Kräuter, besonders Salbei und Basilikum, passen vorzüglich dazu. Natürlich kann man die Fleischsorten auch einzeln verwenden.

Gefüllte Zucchini auf italienische Art

Vorbereitungszeit:
15 Min.
Zubereitungszeit:
30 Min.
Für 4 Personen

4 große Zucchini
2 EL Öl
1 große Zwiebel, gehackt
2 Scheiben Speck
2 Knoblauchzehen, zerdrückt
250 g Schweine- und Kalbshackfleisch
1 ½ Becher gekochter Reis
1 Becher Tomatenpüree
1 TL getrocknete gemischte Kräuter
½ TL Chilipulver
2 EL Parmesankäse, gerieben

1 Backofen auf 180 °C (Mittelhitze) vorheizen. Ein Backblech mit zerlassener Butter oder Öl ausstreichen. Die Zucchini der Länge nach halbieren. Mit einem kleinen Löffel das Fruchtfleisch aushöhlen und in Würfel schneiden.
2 Öl in einer Bratpfanne erhitzen; Zwiebel, klein geschnittenen Speck und Knoblauch hineingeben und bei mittlerer Hitze 3 Minuten unter ständigem Rühren hellbraun braten. Die Hackfleischmischung zufügen und bei starker Hitze 4 Minuten goldbraun backen; dabei immer wieder umrühren, bis sämtliche Flüssigkeit verdunstet ist. Das Hackfleisch mit einer Gabel zerdrücken.

Gefüllte Zucchini auf italienische Art (oben) und Pikante spanische Würstchen mit Bohnensalat (Rezept Seite 24)

Hackfleisch vom Schwein und vom Kalb

3 Reis, Tomatenpüree, Kräuter, Chili und Zucchiniwürfel zugeben; 1 Minute bei mittlerer Hitze braten. Masse in die ausgehöhlten Zucchinihälften füllen und mit Käse bestreuen. Auf das Blech legen; 30 Minuten backen, bis die Zucchini gar sind.

Pikante spanische Würstchen mit Bohnensalat

Vorbereitungszeit:
 20 Min.
Zubereitungszeit:
 10 Min.
Für 6 Personen

1 kg Hackfleisch vom Schwein
2 Knoblauchzehen, zerdrückt
1 TL Chilipulver
1 TL gemahlener Kümmel
1 TL Zwiebelsalz
1 EL Worcestersauce

Bohnensalat
2 Dosen gemischte Bohnen (800-900 g)
1 mittelgroße rote Zwiebel, in feine Scheiben geschnitten
80 ml Olivenöl
2 EL Apfelessig
1 TL Honig
½ TL Dijon-Senf

1 Hackfleisch, Knoblauch, Gewürze und Sauce in eine Rührschüssel geben und gut mischen. In 12 Portionen teilen und etwa 12 cm lange Würstchen formen.

Zubereitung des Salats:
Bohnen waschen und abtropfen lassen. Zusammen mit der Zwiebel in eine Rührschüssel geben. Öl, Essig, Honig und Senf im Schüttelbecher 1 Minute mischen und über die Bohnen gießen.

3 Grill oder Pfanne erhitzen und dünn mit Öl bestreichen. Die Würstchen bei mittlerer Hitze 10-12 Minuten braten und dabei gelegentlich wenden. Mit Bohnensalat servieren.

Schweinefleisch-Frittata mit pikant gewürzten Äpfeln

Vorbereitungszeit:
 25 Min.
Zubereitungszeit:
 40 Min.
Ergibt 12 Stücke

1 große Kartoffel (350 g), in Würfel geschnitten
500 g Hackfleisch vom Schwein
1 mittelgroße Zwiebel, feingehackt
2 TL getrockneter Salbei
2 TL frischer Schnittlauch, feingehackt
1 verquirltes Ei
Pfeffer zum Abschmecken
2 TL Öl

Pikant gewürzte Äpfel
3 mittelgroße grüne Äpfel
20 g Butter
125 ml Wasser
½ TL gemahlener Ingwer
½ TL Würzmischung
2 EL Frucht-Chutney

1 Kartoffel garen und zu einem nicht zu feinen Brei zerdrücken. Kartoffel, Hackfleisch, Zwiebel, Kräuter und Ei in einer Schüssel gut mischen und zu einem flachen runden Kuchen formen (20 cm).
2 Eine entsprechend große Antihaft-Bratpfanne dünn mit Öl bestreichen. Frittata bei mittlerer Hitze 8 Minuten braten. Zum Wenden auf einen flachen Teller gleiten lassen. Pfanne mit Küchenpapier ausreiben, dünn mit Öl bestreichen und umgekehrt über den Teller legen. Platte über der Pfanne wenden und Frittata auf dieser Seite weitere 8 Minuten backen. Mit pikant gewürzten Äpfeln servieren.
3 Pikant gewürzte Äpfel: Äpfel schälen, entkernen und in dünne Scheiben schneiden. Butter in einer Pfanne erhitzen und die Äpfel bei geringer Hitze 2 Minuten anbraten. Wasser, Gewürze und Chutney zugeben und zugedeckt 15 Minuten köcheln lassen; gelegentlich umrühren.

Schweinefleisch-Frittata mit pikant gewürzten Äpfeln

Hackfleisch vom Schwein und vom Kalb

Schweine-Kalbfleisch-Kartoffelgratin

Vorbereitungszeit:
15 Min.
Zubereitungszeit:
30 Min.
Für 4 Personen

1 EL Öl
30 g Butter
2 Stangen Lauch
400 g Hackfleisch vom Schwein und vom Kalb
125 g Peperoni, kleingeschnitten
1 TL frischer Oregano, feingehackt
4 mittelgroße Kartoffeln (etwa 1 kg)
½ Becher geriebener Cheddar-Käse
300 ml Sahne

1 Backofen auf 180 °C (Mittelhitze) vorheizen. Öl und Butter in einer Pfanne erhitzen und Lauch bei mittlerer Hitze 2 Minuten anbraten. Peperoni, Schweine- und Kalbshackfleisch zugeben und bei starker Hitze unter ständigem Umrühren 4 Minuten goldbraun braten, bis sämtliche Flüssigkeit verdunstet ist; dabei das Hackfleisch mit einer Gabel zerdrücken. Oregano untermengen und beiseite stellen.
2 Kartoffeln schälen und in 3 mm dicke Scheiben schneiden. In einem Topf in sprudelnd heißem Wasser garen, absieben, mit kaltem Wasser abbrausen und abtropfen lassen.
3 Die Hälfte der Kartoffelscheiben in eine 1,5 l fassende Auflaufform legen, Hackfleisch daraufgeben. Die restlichen Kartoffelscheiben darüberlegen und mit Käse bestreuen. Sahne zugießen und 30 Minuten backen.

Würzige Fleischbällchen vom Grill

Vorbereitungszeit:
20 Min.
Zubereitungszeit:
15 Min.
Für 4 Personen

750 g Hackfleisch vom Schwein und vom Kalb
1 Becher Paniermehl
2 Knoblauchzehen, zerdrückt
8 Frühlingszwiebeln, feingehackt

Marinade
½ Becher Naturjoghurt
1 kleine Zwiebel, gehackt
2 rote Chilischoten, kleingeschnitten
1 TL frischer, gemahlener Ingwer
1 TL gemahlene Curcuma (Gelbwurz)
3 TL Paprikapulver
1 TL gemahlenes Garam Masala
1 TL fein geriebene Zitronenschale
1 EL Zitronensaft

1 Schweine- und Kalbshackfleisch mit Paniermehl, Knoblauch und Frühlingszwiebeln vermengen. Gehäufte Eßlöffel der Mischung zu 8 Bällchen rollen und in eine flache Backform legen.
2 **Marinade:** Joghurt in die Schüssel einer Küchenmaschine geben und mit Zwiebel, Chili, Ingwer, Gelbwurz, Paprika, Garam Masala, Zitronenschale und Saft 1 Minute pürieren.
3 Marinade über die Fleischbällchen gießen und mit Klarsichtfolie abgedeckt mehrere Stunden oder über Nacht im Kühlschrank lagern; gelegentlich wenden. Fleischbällchen abtropfen lassen und die Marinade einbehalten.
4 Fleischbällchen auf einen kalten, dünn mit Öl bestrichenen Grillrost legen. Bei starker Hitze 15 Minuten garen, bis sie goldbraun sind. Dabei gelegentlich wenden und mit der restlichen Marinade bestreichen.

Hinweis: Die Fleischbällchen können bereits am Vortag mariniert und direkt vor dem Servieren gebraten werden. Nicht einfrieren!

Schweine-Kalbfleisch-Kartoffelgratin (oben) und Würzige Fleischbällchen vom Grill

Hackfleisch vom Schwein und vom Kalb

Schweine-Kalbsravioli mit Rahmsauce

Vorbereitungszeit:
1 Std.
Zubereitungszeit:
5 Min.
Für 4 Personen

Teig
2 Becher Weißmehl
2 verquirlte Eier
2 EL Öl
80 ml Wasser

Füllung
1 EL Öl
4 Frühlingszwiebeln
3 Knoblauchzehen
250 g Hackfleisch vom Schwein und vom Kalb
1 verquirltes Ei

Sauce
60 g Butter
1 Becher Mascarpone-Käse
2 EL frischer Salbei
⅓ Becher geriebener Parmesankäse
⅓ Becher Mandelsplitter

1 Teig: Mehl, Eier, Öl und Wasser in eine Küchenmaschinenschüssel geben. 5 Sekunden rühren, bis sich die Masse vom Gefäßrand löst. (Die Zutaten können auch in einer Schüssel mit den Fingerspitzen vermengt werden.) Mit Klarsichtfolie zugedeckt 15 Minuten kalt stellen.

2 Füllung: Öl in einer Pfanne erhitzen und Frühlingszwiebeln und Knoblauchzehen hineingeben; 2 Minuten bei mittlerer Hitze unter ständigem Rühren dünsten. Hackfleisch zugeben und bei starker Hitze 4 Minuten goldbraun braten, bis sämtliche Flüssigkeit verdunstet ist; dabei das Hackfleisch mit einer Gabel zerdrücken. Abkühlen lassen und in Ei wenden.

3 Die Hälfte des Teiges auf einer leicht mit Mehl bestäubten Fläche sehr dünn ausrollen (etwa 1 mm). Teig mit einem großen, scharfen Messer in 6 cm große Quadrate schneiden. Die Hälfte der Quadrate dünn mit Wasser bestreichen und auf jedes einen Teelöffel der Füllung geben. Jedes Quadrat versetzt mit einem zweiten bedecken; fest andrücken, damit die Füllung gut eingeschlossen ist. Jeweils eine Lage Ravioli auf die mit Mehl bestäubten Bleche legen. Mit dem restlichen Teig und der Füllung ebenso verfahren.

Sauce: Butter in einem Topf zerlassen, Mascarpone hineingeben und bei geringer Hitze umrühren, bis der Käse geschmolzen ist. Parmesan und feingehackten Salbei zugeben und 1 Minute rühren. Die Ravioli in einem großen Topf in sprudelnd heißem Wasser 5 Minuten garkochen. Abtropfen lassen und mit Sauce servieren. Mit gerösteten Mandelsplittern bestreuen.

Schweine-Kalbsravioli mit Rahmsauce

1. Teig in der Küchenmaschine rühren, bis sich der Mehlkloß vom Gefäßrand löst.

2. Für die Füllung: Hackfleisch mit Frühlingszwiebeln und Knoblauch anbraten.

3. Jedes Teigquadrat mit einem Teelöffel Füllmasse belegen.

4. Sauce: Butter und Mascarpone schmelzen, Parmesan und Salbei unterrühren.

LECKERE GERICHTE MIT HACKFLEISCH

Schweine-Kalbfleischklößchen in Rahmsauce

Vorbereitungszeit:
15 Min.
Zubereitungszeit:
20 Min.
Für 4 Personen

500 g Hackfleisch vom Schwein und vom Kalb
¼ Becher Schnittlauch, feingehackt
2 Knoblauchzehen, zerdrückt
1 Becher Paniermehl
1 verquirltes Ei
2 EL Öl
2 große, rote Zwiebeln, in Achtel geschnitten
250 ml Hühnerbrühe
250 ml Weißwein
250 ml Sauerrahm
¼ Becher Petersilie, feingehackt

1 Schweine- und Kalbshackfleisch mit Schnittlauch, Knoblauch, Paniermehl und Ei vermengen. Eßlöffelgroße Portionen zu Bällchen rollen.
2 Öl in der Pfanne erhitzen, je eine Lage Fleischklößchen bei mittlerer Hitze 4 Minuten goldbraun braten; gelegentlich wenden. Auf Küchenpapier abtropfen lassen.
3 Zwiebeln in der Pfanne hellbraun braten. Brühe und Wein zugeben, aufkochen, dann die Hitze reduzieren und ohne Deckel 10 Minuten kochen, bis die Mischung um die Hälfte eingekocht ist.
4 Sauerrahm und Fleischbällchen zugeben. Sauce 10 Minuten kochen, bis sie sämig ist und die Fleischbällchen gar sind; vorsichtig in Petersilie wenden.

Schweine-Kalbsrolle auf kontinentale Art

Vorbereitungszeit:
20 Min.
Zubereitungszeit:
45 Min.
Für 4 Personen

500 g Hackfleisch vom Schwein und vom Kalb
½ Becher Paniermehl
1 verquirltes Ei
1 EL Petersilie, feingehackt
12 Spinatblätter (Stiele entfernen)
125 g Salami, in Scheiben
4 Scheiben Schinken
1 Becher Paniermehl (zusätzlich)
4 feingehackte Frühlingszwiebeln
2 EL junger, geriebener Parmesan
2 TL abgeriebene Zitronenschale
2 EL Zitronensaft
250 ml Sauerrahm
2 EL französischer Senf (mild)

1 Backofen auf 210 °C (starke Mittelhitze) vorheizen. Ein Backblech einfetten. Das Schweine- und Kalbshackfleisch mit Paniermehl, der Hälfte des Eies und der Petersilie vermengen. Die Hackfleischmischung auf ein Stück Alu-Folie zu einem Rechteck (20 x 25 cm) formen.
2 Spinat auf dem Fleisch ausbreiten, mit Salami und Schinken belegen.
3 Zusätzliches Paniermehl mit restlichem Ei, Frühlingszwiebeln, Käse, Zitronenschale und Saft mischen und gleichmäßig über dem Schinken verteilen. Rechteck vorsichtig der Länge nach einrollen (Folie als Hebehilfe benutzen). Rolle mit der Naht nach unten auf ein Blech legen und Enden fest verschließen; mit der Folie zudecken. Nach 40 Minuten Backzeit Folie entfernen, Flüssigkeit abschütten und weitere 5 Minuten goldbraun backen.
4 Sauerrahm mit Senf mischen und zu der in Scheiben geschnittenen Schweine-Kalbfleischrolle servieren.

Hinweis: Die Rolle kann bis zu 8 Stunden im voraus hergerichtet und unmittelbar vor dem Servieren gebacken werden. Auch kalt schmeckt sie vorzüglich. Nach dem Backen läßt sich die Rolle bis zu 2 Monaten einfrieren.

Schweine-Kalbfleischklößchen in Rahmsauce (oben) und Schweine-Kalbsrolle auf kontinentale Art

LECKERE GERICHTE MIT HACKFLEISCH

Pizzastollen

*Vorbereitungszeit:
30 Min.
Zubereitungszeit:
1 Std. 15 Min.
Für 6 Personen*

*1 zylinderförmiges Weißbrot (nicht angeschnitten)
250 g Hackfleisch vom Schwein und vom Kalb
150 g feingeschnittene Salami
2 Frühlingszwiebeln, feingehackt
1 kleine grüne Paprikaschote, kleingeschnitten
1 Dose Ananas in Stückchen (440 g), ohne Saft
2 EL kleingeschnittene schwarze Oliven
¼ Becher Tomatenmark
1 EL frische Thymianblätter
4 Scheiben Cheddar-Käse*

1 Backofen auf 180 °C (Mittelhitze) vorheizen. Ein Ende des Brots abschneiden und einbehalten. Laib aushöhlen; dabei eine 1 cm starke „Wand" stehen lassen. Das Innere zu Paniermehl verarbeiten. Für dieses Rezept ist 1 Becher frisches Paniermehl erforderlich.
2 Paniermehl mit Hackfleischmischung, Salami, Frühlingszwiebeln, Paprika, Ananas, Oliven, Tomatenmark und Thymian vermengen. In den Brotlaib füllen, das Ende wieder anfügen und mit Zahnstochern feststecken.
3 Brotlaib auf einem Blech mit Alufolie zugedeckt 40 Minuten backen. Folie entfernen und weitere 30 Minuten backen. Käsescheiben darüber legen, etwa 5 Minuten backen, bis der Käse geschmolzen ist. 5 Minuten ruhen lassen und aufgeschnitten servieren.

Schweine-Kalbstaschen

*Vorbereitungszeit:
30 Min.
Zubereitungszeit:
25 Min.
Für 4 Personen*

*125 g Camembert
2 Knoblauchzehen, zerdrückt
1 EL französischer Senf (mild)
2 EL frische Petersilie, kleingeschnitten
500 g Hackfleisch vom Schwein und vom Kalb
1 Becher Paniermehl
1 verquirltes Ei
2 EL Öl
8 Platten Strudelteig
90 g Butter, zerlassen
⅓ Becher Mandelsplitter*

1 Backofen auf 180 °C (Mittelhitze) vorheizen. Ein Backblech einfetten. Käse in eine Schüssel geben und mit einer Gabel zerdrücken. Knoblauch, Senf und Petersilie zufügen und gut vermischen.
2 Schweine- und Kalbshackfleisch in einer Schüssel mit Paniermehl und Ei vermengen. Aus einem Viertel der Hackfleischmischung ein etwa 10 x 8 cm großes Rechteck formen. Ein Viertel der Käsemischung auf die Mitte geben, mit der Hackfleischmischung überziehen, mit Klarsichtfolie zudecken und etwa 30 Minuten in den Kühlschrank stellen. Mit den restlichen drei Teilen Fleisch und Käse ebenso verfahren.
3 Öl in einer schweren Pfanne erhitzen, Schweine- und Kalbsrollen hineingeben und bei mittlerer Hitze 4 Minuten auf allen Seiten goldbraun braten. Auf Küchenpapier abtropfen lassen und kalt stellen.
4 Eine Platte Strudelteig mit zerlassener Butter bestreichen, eine weitere Teigplatte quer darüberlegen, ebenfalls einfetten und zur Hälfte falten. Eine Hackfleischrolle auf ein Ende des Teigs geben, zusammenrollen und Enden einschlagen. Mit den restlichen Zutaten drei weitere Taschen richten.
5 Taschen in eine Backform legen, mit Butter bestreichen und mit Mandelsplittern bestreuen. 25 Minuten goldbraun backen.

Pizzastollen (oben) und Schweine-Kalbstaschen

Hackfleisch vom Lamm

Viele Gerichte des Nahen Ostens werden aus Lammhackfleisch zubereitet: Koftas, Fleischbällchen, Strudelgebäck und kleine Taschen aus Weinblättern. Zum Würzen werden meist frische Minze, getrockneter Kreuzkümmel und Pinienkerne verwendet. Aber auch Hamburger, Pasteten, Nudelsaucen und Pfannengerichte schmecken mit Hackfleisch vom Lamm köstlich.

❖ ❖ ❖ ❖

Libanesische Pita-Lammtaschen

Vorbereitungszeit:
 20 Min.
Zubereitungszeit:
 10 Min.
Für 6 Personen

2 EL Öl
1 große Zwiebel, gehackt
500 g *Lammhackfleisch*
1 Aubergine (250 g), in
 1 cm große Würfel
 geschnitten
2 TL Garam Masala
125 ml Hühnerbrühe
½ Becher Tomatenpüree
⅓ Becher Sultaninen
2 EL Pinienkerne
6 kleine Pita-Brote (Vollkorn-Fladenbrote)
1 große Karotte, geraspelt
6 Scheiben Rote Bete
2 Becher Kopfsalat, in feine
 Streifen geschnitten
½ Becher Naturjoghurt

1 Das Öl in einer schweren Pfanne erhitzen, Zwiebeln hineingeben und unter Rühren bei mittlerer Hitze 2 Minuten hellbraun braten. Lammhackfleisch zugeben und bei starker Hitze 4 Minuten bräunen, bis sämtliche Flüssigkeit verdunstet ist; dabei das Hackfleisch mit einer Gabel zerdrücken.
2 Aubergine, Garam Masala, Brühe, Tomatenpüree und Sultaninen zugeben und zum Kochen bringen. Hitze zurücknehmen und zugedeckt 10 Minuten köcheln lassen, bis die Aubergine gar und die Mischung eingekocht und sämig ist. Die Pinienkerne unterrühren.
3 Pita-Taschen halbieren und löffelweise die Lammfüllung hineingeben; Rote Bete, Karotten, Salat und Joghurt daraufgeben.

---

*Libanesische Pita-Lammtaschen (oben) und
Lamm-Joghurt-Rauten mit Tabbouleh (Rezept Seite 36)*

Lamm-Joghurt-Rauten mit Tabbouleh

Vorbereitungszeit:
30 Min.
Zubereitungszeit:
30 Min.
Für 6 Personen

1 Becher geschroteter Weizen
500 g Hackfleisch vom Lamm
¼ Becher Pinienkerne
1 kleine Zwiebel, gehackt
1 kleine grüne Paprikaschote, feingehackt
1 TL Piment
½ TL gemahlene Muskatnuß
½ TL gemahlener Zimt
½ TL gemahlener Chili
⅓ Becher Naturjoghurt
1 verquirltes Ei
1 Becher Naturjoghurt, zusätzlich
¼ Becher kleingehackte, frische Minze

Tabbouleh
1 ½ Becher frische Petersilie, kleingeschnitten
½ Becher frische Minze, kleingeschnitten
6 Frühlingszwiebeln, kleingehackt
4 große, reife Tomaten, abgezogen, entkernt und kleingeschnitten
60 ml Olivenöl
1 ½ EL Zitronensaft

1 Backofen auf 210 °C (starke Mittelhitze) vorheizen. Eine Backform (29 x 19 x 3 cm) mit zerlassener Butter oder Öl ausstreichen. Den geschroteten Weizen in eine mittelgroße Rührschüssel geben, mit kochendem Wasser überbrühen und 30 Minuten quellen lassen; abgießen.
2 Weizenschrot mit Lammhackfleisch, Pinienkernen, Zwiebel, Paprika, Universalwürze, Muskatnuß, Zimt, Chili, Joghurt und Ei vermengen. In die vorbereitete Backform drücken und in Rauten einteilen, indem die Masse dreimal längs und fünfmal diagonal eingeritzt wird. 30 Minuten goldbraun backen und rautenförmig aufschneiden.
3 Den zusätzlichen Joghurt mit der Minze vermengen; mit Lamm und Tabbouleh servieren.
4 Zubereitung von Tabbouleh: Petersilie, Minze, Frühlingszwiebeln und Tomaten in einer mittelgroßen Schüssel vermengen; Olivenöl und Zitronensaft zugießen und gut unterrühren.

Hinweis: Die Hackfleischmischung kann bereits am Vortag zubereitet und, in Klarsichtfolie gepackt, im Kühlschrank aufbewahrt werden. Gebratenes oder rohes Hackfleisch läßt sich bis zu 2 Monaten einfrieren. Tabbouleh kann bis zu 8 Stunden im voraus zubereitet werden.

Nudeln mit Lamm und Gemüse

Vorbereitungszeit:
15 Min.
Zubereitungszeit:
20 Min.
Für 4 Personen

2 EL Öl
1 große Zwiebel, in Achtel geschnitten
2 Knoblauchzehen, zerdrückt
500 g Hackfleisch vom Lamm
125 g kleine Zuchtchampignonköpfe, halbiert
1 kleine rote Paprikaschote, entkernt und kleingeschnitten
150 g ausgekernte Puffbohnen
1 Dose Tomaten (440 g)
2 EL Tomatenmark
500 g getrocknete Penne
125 g Feta-Käse
2 EL frisches Basilikum, in Streifen geschnitten

1 Öl in einer schweren Pfanne erhitzen, Zwiebel und Knoblauch hineingeben und bei mittlerer Hitze 2 Minuten hellbraun braten. Lammhackfleisch zufügen und bei starker Hitze 4 Minuten gut anbraten, bis sämtliche Flüssigkeit verdunstet ist; das Hackfleisch mit einer Gabel zerdrücken.
2 Pilze, Paprika, Puffbohnen, pürierte Tomaten (mit Saft) und Tomatenmark zugeben und zum

Nudeln mit Lamm und Gemüse

Kochen bringen. Hitze zurücknehmen und zugedeckt 10 Minuten köcheln lassen, bis das Gemüse gar ist; gelegentlich umrühren.

3 Die Nudeln in einem großen Topf in sprudelnd heißem Wasser mit einem Schuß Öl kochen und abgießen. Auf tiefe Teller verteilen, Lammfleisch und Gemüsesauce darübergeben und mit zerkleinertem Käse und Basilikum bestreuen.

Hinweis: Die Sauce läßt sich bis zu 2 Tagen im voraus zubereiten. Mit Klarsichtfolie zugedeckt im Kühlschrank lagern. Sauce aufwärmen, Teigwaren direkt vor dem Servieren kochen. Nicht einfrieren!

Pikante Crêpetorte

Vorbereitungszeit:
45 Min.
Zubereitungszeit:
30 Min.
Für 4 Personen

Maismehl-Crêpes
1 Becher Weizenmehl
½ Becher feines Maismehl
1 verquirltes Ei
375 ml Wasser

Lammfüllung
1 EL Öl
1 große Zwiebel, gehackt
1 mittelgroße grüne Paprikaschote, kleingeschnitten
2 Knoblauchzehen, zerdrückt
2 rote Chilischoten, kleingeschnitten
350 g Lammhackfleisch
1 Dose Tomaten (440 g)
¼ Becher Tomatenmark
1 Dose rote Gartenbohnen (310 g), abgetropft

½ Becher Crème fraîche
½ Becher Mozzarella

¼ Becher Parmesankäse, gerieben

1 Backofen auf 180 °C (Mittelhitze) vorheizen. Backblech mit zerlassener Butter oder Öl einfetten. **Maismehl-Crêpes:** Weizenmehl, Maismehl, Ei und Wasser in Küchenmaschine oder Rührgerät 10 Sekunden zu einem glatten Teig kneten.
2 3 Eßlöffel der Mischung in eine dünn eingefettete Crêpe-Pfanne (Durchmesser 18 cm) geben und gleichmäßig über dem Boden zerlaufen lassen. Die Unterseite bei mittlerer Hitze 1 Minute goldbraun braten, wenden und die andere Seite braten. Auf einen Teller geben und mit einem Geschirrtuch abdecken. Mit dem restlichen Teig ebenso verfahren und die Pfanne nach Bedarf einfetten. Für dieses Rezept werden 9 Crêpes benötigt.

3 Lammfüllung: Öl in einer Pfanne erhitzen, Zwiebeln, Paprika, Knoblauch und Chili hineingeben und unter Rühren bei mittlerer Hitze 2 Minuten anbraten, bis die Zwiebeln hellbraun sind. Das Hackfleisch zugeben und bei starker Hitze 4 Minuten goldbraun braten, bis sämtliche Flüssigkeit verdunstet ist; das Hackfleisch mit einer Gabel zerdrücken. Die pürierten Tomaten (nicht abgesiebt) und das Tomatenmark zugeben und zum Kochen bringen. Hitze zurücknehmen und zugedeckt 5 Minuten köcheln lassen, bis die Mischung eingekocht und sämig ist; gelegentlich umrühren. Die Bohnen hineingeben und mit dem Kochlöffel vermengen.
4 Stapeln: Einen Crêpe auf das Blech legen; mit 3 Eßlöffeln Crème fraîche bestreichen und ein Achtel der Lammfüllung darauf-

Pikante Crêpetorte

1. Weizenmehl, Maismehl, Ei und Wasser in der Küchenmaschine vermengen.

2. Die Crêpes auf einen Teller legen und mit einem Geschirrtuch abdecken.

HACKFLEISCH VOM LAMM

geben. Auf diese Weise Schicht für Schicht füllen und mit einem Crêpe enden. Diesen mit Mozzarella und Parmesan bestreuen; 30 Minuten backen, bis der Crêpe-Stapel durchgebacken und goldbraun ist. In keilförmige Stücke schneiden und servieren.

Hinweis: Crème fraîche ist eine dicke Sahne mit kräftigem Geschmack, ähnlich dem Sauerrahm, aber milder.

3. Füllung: Zwiebel, Paprika, Knoblauch und Chili anbraten; Hackfleisch zugeben.

4. Crêpes, Crème fraîche und Lammfüllung stapelweise aufschichten.

LECKERE GERICHTE MIT HACKFLEISCH

Knusprige Paprika-Lammpastete

Vorbereitungszeit:
40 Min.
Zubereitungszeit:
45 Min.
Für 6 Personen

Teig
1 ½ Becher Mehl
125 g Butter
1 Becher geriebener Cheddar-Käse

Füllung
1 EL Öl
1 große Zwiebel, gehackt
500 g Hackfleisch vom Lamm
2 TL gemahlener Paprika
25 g getrocknete Pilze (Suppenmischung)
375 ml Wasser
2 EL Tomatensauce

Haube
3 verquirlte Eier
250 ml Sauerrahm
2 EL Mayonnaise
2 EL frische Petersilie, kleingehackt

1 Backofen auf 210 °C (starke Mittelhitze) vorheizen. Eine Springform (Durchmesser 20 cm) mit zerlassener Butter oder Öl ausstreichen. **Zubereitung des Teigs:** Mehl in eine große Rührschüssel sieben und die flockig geschnittene Butter zugeben. Die Butter mit den Fingerspitzen 2 Minuten in das Mehl einarbeiten, bis die Masse feinkörnig ist. Käse unterziehen. Einen Becher des Teiges für die Haube zurückbehalten. Die restliche Teigmasse so auf den Boden der Springform drücken, daß ein 5 cm hoher Rand stehen bleibt.

2 Füllung: Öl in einer schweren Pfanne erhitzen und die Zwiebel hineingeben; bei mittlerer Hitze 3 Minuten leicht bräunen. Das Lammhackfleisch zufügen und bei starker Hitze gut anbraten, bis sämtliche Flüssigkeit verdunstet ist; dabei das Hackfleisch mit einer Gabel zerdrücken. Paprika zugeben und 1 Minute braten. Suppenmischung, Wasser und Tomatensauce unterrühren und aufkochen. Temperatur herunterschalten und ohne Deckel 5 Minuten köcheln lassen, bis die Mischung eindickt. Abkühlen lassen und in die Teigform drücken.

3 Haube: Eier, Sauerrahm, Mayonnaise und Petersilie vermengen und über die Füllung gießen. Mit der aufbewahrten Teigmischung bestreuen. 45 Minuten backen, bis die Pastete knusprig und goldbraun ist. 5 Minuten stehen lassen, aus der Form nehmen und in keilförmige Stücke schneiden.

Tagliatelle mit Lamm-Rosmarinwurst

Vorbereitungszeit:
20 Min.
Zubereitungszeit:
20 Min.
Für 4 Personen

500 g getrocknete Tagliatelle

Lamm-Rosmarinwurst
500 g Hackfleisch vom Lamm
1 Becher Paniermehl aus ofenfrischem Weißbrot
2 Knoblauchzehen, zerdrückt
1 TL gemahlener Chili
2 EL frische Rosmarinblätter, kleingehackt
2 EL Öl

Sauce
2 EL Öl, zusätzlich
1 große Zwiebel, in Scheiben geschnitten
2 große, reife Tomaten (250 g), abgezogen, entkernt und kleingeschnitten
250 ml Hühnerbrühe
250 ml Doppelrahm
2 EL frische Rosmarinblätter, kleingeschnitten
⅓ Becher junger Parmesan, gerieben

1 Die Tagliatelle in einem großen Topf in sprudelnd heißem Wasser mit einem Schuß Öl garen. Abtropfen lassen und beiseite stellen.

Knusprige Paprika-Lammpastete (oben) und Tagliatelle mit Lamm-Rosmarinwurst

2 Lamm-Rosmarinwurst: Das Lammfleisch in einer großen Rührschüssel mit Paniermehl, Knoblauch, Chili und Rosmarin vermengen. Die Masse in 8 gleich große Portionen teilen und jede Portion zu einer Wurst rollen. Das Öl in einer schweren Pfanne erhitzen, eine Lage Würstchen hineingeben und bei mittlerer Hitze 5 Minuten braten, bis sie gar und rundum braun sind; dabei gelegentlich wenden. Auf saugfähigem Küchenpapier abtropfen lassen, in 1 cm breite Scheiben schneiden und beiseite stellen.

3 Zubereitung der Sauce: Das zusätzliche Öl in einer großen Pfanne erhitzen, die Zwiebeln hineingeben und unter Rühren bei mittlerer Hitze 3 Minuten hellbraun braten. Tomaten, Brühe, Doppelrahm und Rosmarin zugeben, zum Kochen bringen und 1 Minute ziehen lassen. Die Tagliatelle und die Wurstscheiben zufügen und bei mittlerer Hitze 2 Minuten garen. Mit Käse bestreut servieren.

Hinweis: Die Würste können bereits am Vortag zubereitet werden; ebenso die Tagliatelle, über die man etwas Öl träufelt, damit sie nicht kleben. Mit Klarsichtfolie abgedeckt im Kühlschrank lagern. Nicht einfrieren!

Lamm-Rostbraten mit Aprikosen

Vorbereitungszeit:
20 Min.
Zubereitungszeit:
1 Std. 15 Min.
Für 6 Personen

2 kg Lammhaxe ohne Knochen
2 EL Öl

Füllung
200 g Hackfleisch vom Lamm
¼ Becher Paniermehl
¼ Becher getrocknete Aprikosen, kleingeschnitten
2 EL Früchtechutney
1 EL frischer Rosmarin, kleingeschnitten

Sauce
1 ½ EL Mehl
375 ml Hühnerbrühe
2 TL Senf ohne Körner
2 TL Worcestersauce
60 ml Sahne

1 Backofen auf 210 °C (starke Mittelhitze) vorheizen. Überschüssige Fettschicht von der Lammhaxe ablösen und flach auslegen, so daß die fette Seite unten ist.

2 Füllung: Das Hackfleisch mit Paniermehl, Aprikosen, Chutney und Rosmarin vermengen. Die Füllung auf das Lammfleisch geben und in dem Fleisch einrollen. In Abständen mit Küchengarn fixieren; dabei die Enden einschlagen.

3 Lamm rundum mit Öl einreiben, in eine tiefe Backform geben und 1 Stunde 15 Minuten backen, wenn das Fleisch rot sein soll; rosa (medium) ist es nach 1 Stunde 30 Minuten und durchgebraten nach 1 Stunde 45 Minuten. Lamm von Zeit zu Zeit mit Bratensaft übergießen. Aus dem Backofen nehmen, noch 10 Minuten mit Alufolie bedeckt an einem warmen Ort ruhen lassen. Währenddessen die Sauce zubereiten.

Sauce: Die obere Fettschicht vom Bratensaft abschöpfen und wegschütten. Mehl unter den Bratensaft geben und 1 Minute bei mittlerer Hitze glattrühren. Brühenmischung, Senf und Worcestersauce zugeben und bei mittlerer Temperatur rühren, bis die Sauce kocht und eindickt. Temperatur zurückschalten und 3 Minuten köcheln lassen. Die Sahne unterziehen.

5 Das Küchengarn lösen, Lammbraten aufschneiden und mit Sauce servieren.

Hinweis: Das Lamm kann bereits am Vortag gefüllt und gebunden werden. Mit Klarsichtfolie abgedeckt im Kühlschrank lagern.

Lamm-Rostbraten mit Aprikosen

Hackfleisch vom Lamm

Lammkebab mit goldgelbem Pilaw

Vorbereitungszeit:
25 Min.
Zubereitungszeit:
30 Min.
Ergibt 8 Spieße

750 g Hackfleisch vom Lamm
1 kleine Zwiebel, feingeschnitten
2 EL frischer Koriander, kleingeschnitten
1 EL gemahlener Kreuzkümmel
1 TL abgeriebene Zitronenschale

Goldgelber Pilaw
3 EL Öl
1 TL Curcuma
1 mittelgroße Zwiebel, in Ringe geschnitten
2 Becher Basmati- oder Jasminreis
1 l Gemüsebrühe

1 Hackfleisch, Zwiebel, Koriander, Kümmel und Zitronenschale in eine Rührschüssel geben und gut vermengen. Mischung in 8 gleich große Portionen teilen und wurstförmig um große Metall- oder Holzspieße rollen. Bis zur Weiterverwendung kalt stellen.

2 **Goldgelber Pilaw:** Öl in einer Pfanne erhitzen. Curcuma und Zwiebel darin bei mittlerer Hitze unter Rühren 2 Minuten braten, bis die Zwiebel gar ist. Reis zufügen, 1 Minute rühren, bis der Reis das Öl aufgenommen hat.

3 Brühe zugießen und einen gut schließenden Deckel auf die Pfanne geben; langsam aufkochen, dabei einmal umrühren. Temperatur reduzieren und zugedeckt 10 Minuten köcheln lassen, bis das Wasser nahezu absorbiert ist. Vom Herd nehmen und 5 Minuten zugedeckt stehen lassen, bis das Wasser vollständig eingezogen und der Reis gar ist. Reis vor dem Servieren mit einer Gabel auflockern.

Lammkebab mit goldgelbem Pilaw

1. Das Hackfleisch wurstförmig um große Metall- oder Holzspieße rollen.

2. Pilaw: Reis, Zwiebeln und Curcuma braten, bis der Reis das Öl aufgenommen hat.

HACKFLEISCH VOM LAMM

4 Grill oder Bratpfanne erhitzen und mit Öl bestreichen. Die Kebabs 12 Minuten rundum bräunen und auf goldgelbem Pilaw servieren.

TIP
Um bei der Zubereitung eines Hackfleischgerichts die Würze zu testen, einen Teelöffel der Mischung anbraten und probieren. Nach Belieben mit Salz, Pfeffer, Kräutern und Würzmittel abschmecken.

3. Den Reis zugedeckt 10 Min. köcheln lassen, bis das Wasser nahezu absorbiert ist.

4. Kebabs 12 Min. braten; dabei gelegentlich wenden, bis sie rundum braun sind.

LECKERE GERICHTE MIT HACKFLEISCH

Italienische Fleischklößchen

*Vorbereitungszeit:
30 Min.
Zubereitungszeit:
35 Min.
Für 6 Personen*

*750 g Lammhackfleisch
1 Knoblauchzehe, zerdrückt
2 TL getrockneter
   Rosmarin
¼ Becher Pinienkerne,
   feingehackt
2 mittelgroße Auberginen
1 EL Salz
2 EL Olivenöl
2 mittelgroße Oliven, in
   1 cm breite Spalten
   geschnitten
4 mittelgroße Zucchini, in
   1 cm dicke Scheiben
   geschnitten
2 mittelgroße rote Papri-
   kaschoten, in 2 cm große
   Würfel geschnitten
2 mittelgroße grüne Paprikaschoten, in 2 cm große
   Würfel geschnitten
3 große Tomaten, kleinge-
   schnitten
3 EL Tomatenmark
1 TL getrockneter Oregano
½ Becher frische Basili-
   kumblätter, kleingehackt*

1 Hackfleisch mit Knoblauch, Rosmarin und Pinienkernen in eine Rührschüssel geben und gut mischen. 36 Bällchen formen; dafür jeweils einen gestrichenen Eßlöffel von der Masse abnehmen. Bis zur Weiterverwendung kalt stellen.

2 Auberginen in 2 cm dicke Scheiben schneiden, auf einem Teller flach auslegen und mit Salz bestreuen. Nach 15 Minuten abspülen, trockentupfen und in 2 cm große Würfel schneiden. Öl in einer Pfanne erhitzen, Zwiebeln hineingeben und bei mittlerer Hitze 3 Minuten braten, bis sie weich sind; Zucchini, Auberginen und Paprikaschoten zufügen. Weitere 5 Minuten garen. Tomaten, Tomatenmark und Oregano untermischen. Bei geringer Temperatur zugedeckt 15 Minuten ziehen lassen, bis das Gemüse weich, aber noch nicht zerfallen ist. Basilikum zugeben.

3 Pfanne erhitzen und dünn mit Öl bestreichen. Fleischbällchen bei mittlerer Hitze 12 Minuten braten; dabei die Pfanne immer wieder schwenken, bis sie schön braun sind. Auf Küchenpapier abtropfen lassen und zur Gemüsemischung geben. Fleischbällchen unter Rühren in der Sauce wälzen. Mit geröstetem Brot servieren.

Honig-Chili-Lamm mit Bohnen

*Vorbereitungszeit:
15 Min.
Zubereitungszeit:
20 Min.
Für 4 Personen*

*2 EL Öl
500 g Lammhackfleisch
1 große Zwiebel, in Scheiben geschnitten
1 kleine rote Paprikaschote,
   in Streifen geschnitten
1 kleine grüne Paprikaschote, in Streifen geschnitten
2 Knoblauchzehen, zer-
   drückt
2 rote Chilischoten, kleingehackt
2 TL frischer Ingwer,
   gemahlen
1 TL gemahlener Kreuz-
   kümmel
1 TL Paprika, gemahlen
250 ml Rinderbrühe
1 Becher Tomatenpüree
⅓ Becher Honig
80 ml Weinessig (weiß)
2 EL Sojasauce
1 Dose Lima-Bohnen,
   abgetropft (440 g)*

1 Öl in einer schweren Pfanne erhitzen, Lammhackfleisch hineingeben und unter Rühren bei hoher Temperatur 4 Minuten anbraten, bis alle Flüssigkeit verdunstet ist; dabei das Hackfleisch mit einer Gabel zerdrücken.

2 Zwiebel, rote und grüne Paprika, Knoblauch, Chili, Ingwer, Kreuzkümmel

*Italienische Fleischklößchen (oben) und
Honig-Chili-Lamm mit Bohnen*

und Paprikapulver zugeben; bei mittlerer Hitze 2 Minuten anbraten.

3 Brühe, Tomatenpüree, Honig, Essig und Sojasauce zugeben; zum Kochen bringen, Temperatur zurückschalten und 10 Minuten zugedeckt köcheln lassen. Bohnen zufügen und weitere 10 Minuten ziehen lassen, bis die Masse eingekocht und dick ist.

Lamm-Spinatpastete

Vorbereitungszeit:
45 Min.
Zubereitungszeit:
40 Min.
Für 6 Personen

Füllung
2 EL Öl
1 große Zwiebel, kleingeschnitten
2 Knoblauchzehen, zerdrückt
500 g Lammhackfleisch
250 g Zuchtchampignons, in Scheiben geschnitten
1 TL frischer Rosmarin, kleingehackt
¾ Becher Tomatenpüree
2 EL Mehl
250 ml Hühnerbrühe
6 große Spinatblätter
Milch zum Glasieren
1 EL Sesam
1 EL Kümmel

Teig
625 ml Mehl
185 g Butter
1 verquirltes Ei
2 EL Wasser

1 Backofen auf 210 °C (starke Mittelhitze) vorheizen. Ein Backblech mit zerlassener Butter oder Öl einfetten. Öl in einer schweren Pfanne erhitzen, Zwiebel und Knoblauch hineingeben und unter mehrmaligem Rühren bei mittlerer Hitze 2 Minuten hellbraun braten. Lammhackfleisch zugeben und bei starker Hitze gut anbräunen, bis alle Flüssigkeit verdunstet ist; dabei das Hackfleisch mit einer Gabel zerdrücken.

2 Pilze, Rosmarin, Tomatenpüree und das mit Brühe angerührte Mehl zufügen und bei hoher Temperatur unter Rühren zum Kochen bringen. Temperatur zurückschalten und ohne Deckel 5 Minuten köcheln lassen, bis die Flüssigkeit verdunstet und die Mischung eingedickt ist; immer wieder umrühren und abkühlen lassen.

3 Stiele der Spinatblätter entfernen. Blätter in kochendem Wasser 3 Minuten blanchieren, bis sie gar sind. Unter kaltem Wasser abbrausen; abtropfen lassen und grob zerkleinern.

4 Teig: Mehl und Butter in eine Küchenmaschinenschüssel geben und rühren (Momentschalter etwa 20 Sekunden drücken), bis die Mischung feinkörnig ist. Ei und nahezu alles Wasser zugeben und in weiteren 5 Sekunden zu einer glatten

Masse verarbeiten; je nach Bedarf das restliche Wasser zufügen. Mit Klarsichtfolie bedeckt 30 Minuten im Kühlschrank ruhen lassen.

5 Teig auf eine dünn mit Mehl bestäubte Arbeitsplatte geben und 1 Minute kneten, bis er geschmeidig ist. Die Hälfte des Teigs kreisförmig ausrollen (Durchmesser 23 cm) und auf ein Backblech legen.

6 Lammfüllung löffelweise auf dem Teig verteilen; dabei einen 2 cm breiten Rand freilassen. Spinat auflegen und den Rand mit Milch bestreichen.

7 Den restlichen Teig kreisförmig ausrollen (Durchmesser 26 cm), auf die Füllung legen und die Ränder so zusammendrücken, daß eine Manschette entsteht. Mit Milch bestreichen, mit Sesam und Kümmel bestreuen. Zum Servieren in keilförmige Stücke schneiden.

Lamm-Burger mit Nüssen und Joghurtsauce

Vorbereitungszeit:
20 Min.
Zubereitungszeit:
16 Min.
Für 6 Personen

750 g Lammhackfleisch
½ Becher Walnüsse, feingehackt

HACKFLEISCH VOM LAMM

Lamm-Spinatpastete (oben) und Lamm-Burger mit Nüssen und Joghurtsauce

1 kleine Zwiebel, gehackt
1 TL Currypulver
3 Tomaten, kleingeschnitten

Joghurtsauce
½ Becher Naturjoghurt
¼ Becher Mayonnaise
1 Knoblauchzehe, zerdrückt
1 EL feingehackte Minze
1 EL feingehackte Petersilie

1 Minze, Walnüsse, Zwiebel und Currypulver in eine große Rührschüssel geben und gründlich vermengen. Die Mischung in 6 gleich große Portionen teilen und 1½ cm dicke Pastetchen formen. Zudecken und bis zur Weiterverwendung kalt stellen.

2 Joghurtsauce: Zutaten mischen und kalt stellen.
3 Grill oder Pfanne erhitzen und dünn mit Öl bestreichen. Burger bei mittlerer Hitze auf jeder Seite 8 Minuten braten; dabei nur einmal wenden. In Pita-Brot mit Tomatenwürfeln und Joghurtsauce servieren.

Hackfleisch vom Hähnchen

Hähnchengerichte erfreuen sich wachsender Beliebtheit. Deshalb bieten Fleischer heute reichlich Hähnchenhackfleisch an, das früher nur mit Hilfe der Küchenmaschine zubereitet werden konnte. Es eignet sich gut für Hamburger, Currypfannen, Pasteten und Schmortöpfe, ja, selbst für Würste. Hackfleisch vom Hähnchen ist sehr mager und somit ideal für fettarme Kost. Da mageres Fleisch allerdings leicht austrocknet, sollte es mit saftigen Zutaten kombiniert werden.

Thai-Hähnchen und Bohnen

Vorbereitungszeit:
  20 Min.
Zubereitungszeit:
  12 Min.
Für 4 Personen

2 EL Öl
2 große rote Zwiebeln, in Achtel geschnitten
500 g Hähnchenhackfleisch
1 EL Fischsud
1 Dose Tomaten (440 g)
250 ml Hühnerbrühe
250 g Bohnen, in 2,5 cm große Stücke geschnitten
⅓ Becher frisches Basilikum, in Streifen geschnitten
2 EL frischer Koriander, kleingehackt
⅓ Becher geröstete Erdnüsse, kleingehackt

Würziges Dressing
2 Frühlingszwiebeln, kleingeschnitten
2 Knoblauchzehen, zerdrückt
2 TL abgeriebene Zitronenschale
2 rote Chilischoten, gehackt
3 TL gemahlener Paprika
1 TL gemahlenes Curcuma
1 TL gemahlener Kreuzkümmel
80 ml Wasser

1 Öl in einer schweren Pfanne erhitzen, die Zwiebeln hineingeben und bei mittlerer Hitze 2 Minuten leicht bräunen. Das Hähnchenfleisch zufügen und bei hoher Temperatur unter Rühren 4 Minuten anbraten, bis sämtliche Flüssigkeit verdunstet ist; das Hackfleisch mit einer Gabel zerdrücken.

Thai-Hähnchen und Bohnen (oben) und Kokosnuß-Hähnchencurry (Rezept Seite 52)

Hackfleisch vom Hähnchen

2 **Würziges Dressing:** Frühlingszwiebeln, Knoblauch, Zitronenschale, Chilischoten, Paprika, Curcuma, Kreuzkümmel und Wasser in Küchenmaschine oder Rührgerät 30 Sekunden zu einer glatten Masse pürieren.
3 Dressing zum Hähnchenhackfleisch geben, bei hoher Temperatur 1 Minute braten. Fischsud, pürierte Tomaten mit Saft, Brühe und Bohnen zufügen, aufkochen und zugedeckt bei geringer Hitze 5 Minuten köcheln lassen, bis die Bohnen weich sind. Basilikum und Koriander unterrühren. Mit Erdnüssen bestreut servieren.

Kokosnuß-Hähnchencurry

Vorbereitungszeit:
  20 Min.
Zubereitungszeit:
  20 Min.
Für 4 Personen

10 getrocknete chinesische Pilze
750 g Hähnchenhackfleisch
2 TL gemahlener Ingwer
2 EL Öl
2 große Zwiebeln, in Achtel geschnitten
1 Dose Kokosnußmilch (400 ml)
125 ml Wasser
1 EL Fischsud
¼ Becher frisches Basilikum, in Streifen geschnitten

Curry-Dressing
2 frische Koriandertriebe mit Wurzeln und Blättern
1 Trieb frisches Zitronengras, feingehackt
2 Knoblauchzehen, zerdrückt
2 TL abgeriebene Zitronenschale
2 grüne Chilischoten, kleingehackt
2 TL Curcuma, gemahlen
80 ml Wasser, zusätzlich

1 Pilze in eine Schüssel geben und mit so viel kochendem Wasser überbrühen, daß sie bedeckt sind. 20 Minuten stehen lassen, bis sie gar sind, dann abgießen. Köpfe kleinschneiden (Stiele wegwerfen).
2 Pilze in einer Schüssel mit Hähnchenhackfleisch und Ingwer vermengen. Die Mischung löffelweise zu Bällchen rollen.
3 Öl in einer schweren Pfanne erhitzen, eine Lage Bällchen hineingeben und bei starker Mittelhitze 4 Minuten schön braun braten; dabei mehrmals wenden. Die Hähnchenbällchen auf Küchenpapier abtropfen lassen.
4 Zwiebeln in der Pfanne bei mittlerer Hitze 2 Minuten hellbraun braten.

5 **Curry-Dressing:** Koriander, Zitronengras, Knoblauch, Zitronenschale, Chilischoten, Curcuma und das zusätzliche Wasser in die Küchenmaschine oder den Mixer geben und zu einer glatten Masse pürieren.
6 Das Curry-Dressing zur Zwiebel geben und 2 Minuten anbraten. Kokosnußmilch, Wasser und Fischsud zugießen und unter Rühren zum Kochen bringen. Hitze zurücknehmen und köcheln lassen. Die Fleischbällchen hineinlegen und zugedeckt 20 Minuten schmoren, bis die Sauce eingedickt ist. In Basilikum wenden.

Indische Hähnchenfrikadellen mit Sahne-Chutney

Vorbereitungszeit:
  20 Min.
Zubereitungszeit:
  16 Min.
Für 6 Personen

800 g Hackfleisch vom Hähnchen
1 Becher Paniermehl
2 TL gemahlener Kreuzkümmel
2 TL gemahlener Koriander
1 TL gemahlener Ingwer
½ TL Garam Masala
2 TL Joghurt
1 EL Zitronensaft
1 Knoblauchzehe
1 EL feingehackte Petersilie

Indische Hähnchenfrikadellen mit Sahne-Chutney

Sahne-Chutney
⅓ Becher Mangochutney
2 EL Joghurt

1 Alle Zutaten für die Frikadellen in eine Rührschüssel geben und gut vermengen. Die Masse in 6 Teile teilen und 1 cm dicke Pastetchen formen. Bis zur Weiterverwendung zugedeckt kalt stellen.

2 Sahne-Chutney: Zutaten in einer Schüssel mischen und bis zur Weiterverwendung kalt stellen.
3 Pfanne oder Grill vorheizen und dünn mit Öl bestreichen. Frikadellen bei mittelhoher Temperatur auf jeder Seite 7 Minuten backen; dabei nur einmal wenden. Mit Sahne-Chutney sofort servieren.

TIP
Für ofenfrisches Paniermehl die Krusten der Weißbrotscheiben abschneiden und in die Schüssel einer Küchenmaschine oder in einen Mixer geben; 8 Sekunden zerkleinern.
4 Scheiben Brot ergeben 1 Becher Paniermehl.

Hähnchenstrudel mit Rahm

Vorbereitungszeit: 30 Min.
Zubereitungszeit: 30 Min.
Für 4 Personen

1 EL Öl
1 große Zwiebel, kleingeschnitten
2 Knoblauchzehen, zerdrückt
250 g Hackfleisch vom Hähnchen
1 TL Currypulver
⅓ Becher Ricotta-Käse
60 ml Sauerrahm
10 Platten Strudelteig
90 g Butter, zerlassen
1 Stange Sellerie, feingeschnitten
1 kleine rote Paprikaschote, kleingeschnitten
1 Avocado, in Scheiben geschnitten
1 EL Sesamsamen

1 Den Backofen auf 180 °C (Mittelhitze) vorheizen. Ein Backblech mit zerlassener Butter oder Öl ausstreichen. Das Öl in einer schweren Pfanne erhitzen, Zwiebeln und Knoblauch hineingeben und bei mittlerer Hitze unter Rühren 2 Minuten leicht bräunen. Hähnchenhackfleisch zufügen und bei hoher Temperatur 4 Minuten rundum braun braten, bis sämtliche Flüssigkeit verdunstet ist; dabei das Hackfleisch mit einer Gabel zerdrücken. Mit Curry würzen und noch 1 Minute braten. Hähnchenmischung mit Ricotta-Käse und Sauerrahm vermengen.
2 Eine Platte Strudelteig auf die Arbeitsfläche legen und mit zerlassener Butter bestreichen. Eine zweite Platte Strudelteig auflegen und mit Butter bestreichen. Mit den restlichen Teigplatten und der Butter ebenso verfahren.
3 Hähnchenmischung auf die Längsseite der Strudelteigplatten geben und mit Sellerie, Paprika und Avocado bestreuen.
4 Zusammenrollen und die Enden einschlagen. Die Rolle mit der Nahtstelle nach unten auf ein mit Butter bestrichenes Blech legen und mit Sesam bestreuen. 30 Minuten backen, bis der Strudelteig goldbraun ist. In Scheiben geschnitten servieren.

Hähnchenstrudel mit Rahm

TIP
Die Hähnchenmischung kann schon am Vortag zubereitet und mit Klarsichtfolie zugedeckt im Kühlschrank aufbewahrt werden. Den Strudel erst kurz vor dem Bakken zusammenrollen. Teigstücke mit einem feuchten Tuch bedecken, sonst trocknen sie aus. Nicht einfrieren!

1. Currypulver zur Hähnchenmischung geben, 1 Minute braten, abkühlen lassen.

2. Eine Platte Teig auf die Arbeitsfläche legen und mit Butter bestreichen.

HACKFLEISCH VOM HÄHNCHEN

3. Die Hähnchenmischung mit Sellerie, Paprikaschoten und Avocado belegen.

4. Strudel mit der Nahtstelle nach unten auf das vorbereitete Backblech heben.

Hähnchen-Maiswürstchen mit Salsa Cruda

Vorbereitungszeit:
20 Min.
Zubereitungszeit:
35 Min.
Ergibt 12 Würstchen

800 g Hackfleisch vom Hähnchen
1 Becher Paniermehl aus ofenfrischem Weißbrot
1 kleine Dose cremig pürierter Mais (130 g)
1 EL frischer Schnittlauch, kleingeschnitten
¼ Becher Maismehl

Salsa Cruda
2 große Tomaten, kleingeschnitten
1 mittelgroße Zwiebel, feingehackt
1 Knoblauchzehe, zerdrückt
2 EL frischer Koriander, kleingehackt
1 EL Orangensaft

1 Backofen auf 180 °C (Mittelhitze) vorheizen. Ein Backblech mit Alufolie auslegen und dünn mit Öl ausstreichen. Hackfleisch, Paniermehl, pürierten Mais, Schnittlauch und Maismehl in eine große Rührschüssel geben und gründlich vermengen. Die ziemlich feuchte Mischung in 12 gleich große Portionen teilen und etwa 13 cm lange Würstchen formen.

2 Salsa: Sämtliche Zutaten in einer Schüssel vermengen und mindestens 1 Stunde im Kühlschrank durchziehen lassen. Nicht zu kalt servieren (Zimmertemperatur).
3 Würstchen auf das vorbereitete Backblech legen und 35 Minuten backen; dabei gelegentlich wenden. Mit Salsa Cruda anrichten.

Hähnchen-Tortillas

Vorbereitungszeit:
30 Min.
Zubereitungszeit:
25 Min.
Für 4 Personen

Tortillas
1 Becher Maismehl, feingemahlen
1 Becher Weizenmehl
60 g Butter
125 ml Wasser

Belag
1 EL Öl
125 g Hähnchenhackfleisch
125 g Chorizo-Wurst, kleingeschnitten
2 TL Sambal Oelek (Chilipaste)
1 große Zwiebel, gehackt
1 mittelgroße grüne Paprikaschote, entkernt und kleingeschnitten
⅓ Becher Tomatenmark
1 Becher geriebener Cheddar-Käse

1 Backofen auf 180 °C (Mittelhitze) vorheizen. Zwei Backbleche mit zerlassener Butter oder Öl ausstreichen. **Zubereitung der Tortillas:** Maismehl, Weizenmehl und Butter in die Küchenmaschine geben. 20 Sekunden rühren (Momentschalter betätigen), bis die Masse feinkörnig ist. So viel Wasser zugeben, daß alles gut vermengt ist; dabei weitere 5 Sekunden rühren. Teig auf ein dünn bemehltes Backbrett legen und 1 Minute kneten, bis er geschmeidig ist.
2 Den Teig in 8 Portionen teilen und jede Portion kreisförmig (Durchmesser 10 cm) ausrollen. Auf Backbleche legen und 15 Minuten backen.
3 Zubereitung des Belags: Öl in einer Pfanne erhitzen; Hähnchenhackfleisch und Wurst hineingeben und bei hoher Temperatur unter ständigem Rühren 4 Minuten braun braten, bis sämtliche Flüssigkeit verdunstet ist; dabei das Hackfleisch mit einer Gabel zerdrücken. Sambal Oelek, Zwiebel und Paprika zugeben und 3 Minuten garen.
4 Tortillas mit Tomatenmark bestreichen, Hähnchenmischung daraufgeben und mit Käse bestreuen. 10 Minuten hellbraun backen.

Hähnchen-Maiswürstchen mit Salsa Cruda (oben) und Hähnchen-Tortillas

Hackfleisch vom Hähnchen

Leckere Gerichte mit Hackfleisch

Hähnchen-Eintopf

Vorbereitungszeit:
20 Min.
Zubereitungszeit:
20 Min.
Für 4 Personen

500 g Hähnchenhackfleisch
1 Päckchen Hähnchen-
  cremesuppe (60 g)
2 EL Öl
2 große Zwiebeln, in Schei-
  ben geschnitten
2 große Kartoffeln, in 2 cm
  Würfel geschnitten
4 mittelgroße Karotten, in
  1 cm dicke Scheiben
  geschnitten
250 ml Weißwein
750 ml Wasser
300 ml Crème Fraîche

1 Hähnchenhackfleisch und Suppenmischung in einer Rührschüssel vermengen und zu eßlöffelgroßen Bällchen rollen.
2 Das Öl in einer schweren Pfanne erhitzen, eine Lage Bällchen hineingeben und bei mittlerer Hitze 5 Minuten rundum braun braten. Aus der Pfanne nehmen und auf Küchenpapier abtropfen lassen.
3 Zwiebeln, Kartoffeln und Karotten in die Pfanne geben und bei mittlerer Hitze 4 Minuten leicht anbräunen. Wein, Wasser und Crème Fraîche zufügen. Die Fleischbällchen wieder in die Pfanne geben und kurz aufkochen; Temperatur reduzieren und ohne Deckel 20 Minuten köcheln lassen, bis das Gemüse gar und die Sauce eingekocht und dick ist; dabei gelegentlich umrühren.

Hinweis: Dieses Gericht läßt sich bis zu zwei Tagen im voraus zubereiten und zwei Monaten einfrieren.

Hähnchen mit Süßkartoffelauflauf

Vorbereitungszeit:
30 Min.
Zubereitungszeit:
20 Min.
Für 6 Personen

1 EL Öl
1 große Zwiebel, kleinge-
  schnitten
750 g Hackfleisch vom
  Hähnchen
750 g Kumara (3 mittel-
  große Süßkartoffeln),
  kleingeschnitten
250 g Zuchtchampignons,
  halbiert
375 ml Hühnerbrühe
1 Dose Tomaten (440 g)
½ Becher Tomatenpüree
2 TL frische Thymian-
  blätter
1 EL Worcestersauce

Belag
4 große alte Kartoffeln
  (1,2 kg), kleingeschnitten
60 g Butter
125 ml Sauerrahm

1 Backofen auf 180 °C (Mittelhitze) vorheizen. Öl in einer Pfanne erhitzen, Zwiebeln zugeben und bei mittlerer Temperatur unter Rühren 2 Minuten hellbraun braten. Hackfleisch zufügen und bei starker Hitze 4 Minuten braun braten, bis alle Flüssigkeit verdunstet ist; das Hackfleisch mit einer Gabel zerdrücken.
2 Kumara, Pilze, Brühe, die kleingeschnittenen Tomaten mit dem Saft, Tomatenpüree, Thymian und Worcestersauce zugeben. Zum Kochen bringen, Hitze reduzieren und zugedeckt 15 Minuten köcheln lassen, bis die Masse eingedickt ist und die Kartoffeln weich sind. Mit dem Löffel in eine Auflaufform füllen (Durchmesser 24 cm).
3 Haube: Kartoffeln 10 Minuten in sprudelnd heißem Wasser garkochen, abgießen. Mit Butter und Sauerrahm in eine Schüssel füllen und mit einer Gabel oder einem Gemüsestampfer zu einem glatten, flockigen Brei zerstoßen. Auf die Hähnchenmischung geben und mit einer Gabel verstreichen. 20 Minuten backen, bis der Auflauf hellbraun ist.

Hähnchen-Eintopf (oben) und
Hähnchen mit Süßkartoffelauflauf

Pastamuscheln mit Hähnchen und Pesto

Vorbereitungszeit:
  30 Min.
Zubereitungszeit:
  15 Min.
Für 4 Personen

20 getrocknete große Pastamuscheln (etwa 5 cm lang)
2 EL Öl
2 Stangen Lauch, in Scheiben geschnitten
500 g Hackfleisch vom Hähnchen
1 EL Mehl
250 ml Hühnerbrühe
⅓ Becher Pimiento, kleingehackt
½ Becher geriebener Parmesankäse

Pesto
1 Becher frisches Basilikum
¼ Becher Pinienkerne
2 Knoblauchzehen, zerdrückt
60 ml Olivenöl

1 Backofen auf 180 °C (Mittelhitze) vorheizen. Eine flache Backform mit zerlassener Butter oder Öl ausstreichen. Die Pastamuscheln in einem Topf in sprudelnd heißem Wasser kochen; einen Schuß Öl hineingeben, damit sie nicht kleben. Sobald sie gar sind, abgießen.
2 Öl in einer schweren Pfanne erhitzen, Lauch zugeben und bei mittlerer Hitze unter Rühren 2 Minuten dünsten, bis er weich ist. Hähnchenhackfleisch zugeben und bei starker Hitze 4 Minuten goldbraun braten; dabei gelegentlich umrühren, bis sämtliche Flüssigkeit verdunstet ist; das Hackfleisch mit einer Gabel zerdrücken. Mehl einstreuen und auf dem Herd 1 Minute unterrühren. Brühe und Pimiento zufügen und bei mittlerer Hitze zum Kochen bringen. Temperatur zurücknehmen und noch etwa 1 Minute ziehen lassen, bis die Mischung eingekocht und dick ist.
3 Zubereitung des Pesto: Basilikum, Pinienkerne, Knoblauch und Öl in die Schüssel einer Küchenmaschine oder in einen Mixer füllen. 30 Sekunden zu einer glatten Masse pürieren. In eine kleine Schüssel oder einen Krug füllen und mit Klarsichtfolie luftdicht verschließen.
4 Die gekochten Pastamuscheln mit der Hähnchenmischung füllen und in eine Backform geben. Mit Alu-Folie bedeckt 15 Minuten backen. Einen Löffel Pesto daraufgeben, mit Käse bestreuen und servieren.

Pastamuscheln mit Hähnchen und Pesto

1. Die Pastamuscheln in einem Topf in sprudelnd heißem Wasser kochen.

2. Den Lauch unter Rühren bei mittlerer Hitze 2 Minuten dünsten.

HACKFLEISCH VOM HÄHNCHEN

3. Pesto: Basilikum, Pinienkerne, Knoblauch und Öl zu einer glatten Masse mixen.

4. Die Hähnchenmischung in die Pastamuscheln füllen und 15 Minuten backen.

Hähnchen-Waldorf-salat-Brötchen

Vorbereitungszeit:
20 Min.
Zubereitungszeit:
5 Min.
Für 4 Personen

1 EL Öl
125 g Hähnchenhackfleisch
2 Frühlingszwiebeln, kleingeschnitten
1 kleiner grüner Apfel, kleingeschnitten
1 Stange Sellerie
2 EL Walnüsse, kleingehackt
¼ Becher Mayonnaise
2 EL Sauerrahm
4 Brötchen
1 große, reife Tomate, in Scheiben geschnitten
4 Blätter Kopfsalat

1 Öl in einer schweren Pfanne erhitzen, Hähnchenfleisch hineingeben und bei großer Hitze unter Rühren 4 Minuten braun braten, bis sämtliche Flüssigkeit verdunstet ist; dabei das Hackfleisch mit einer Gabel zerdrücken. Frühlingszwiebeln zugeben und unter Rühren bei schwacher Hitze 1 Minute braten.
2 Hähnchenmischung mit Apfel, Sellerie, Walnuß, Mayonnaise und Sauerrahm vermengen.
3 Das obere Drittel der Brötchen (Deckel) abschneiden und einen großen Teil des Brötcheninneren mit einem Löffel aushöhlen.
4 Die Hälfte der Brötchen mit Hähnchenmischung füllen. Mit Tomatenscheiben und Salatblättern bedecken und die restliche Hähnchenmischung daraufgeben. Die abgeschnittenen Deckel nun wieder darüberlegen.

Hähnchen-Rissoles in Pilzsauce

Vorbereitungszeit:
25 Min.
Zubereitungszeit:
25 Min.
Für 6 Personen

1 kg Hackfleisch vom Hähnchen
1 Becher Paniermehl aus ofenfrischem Weißbrot
1 EL getrocknetes Estragon
1 kleine Zwiebel, feingeschnitten
¼ Becher Mayonnaise

Sahnige Pilzsauce
40 g Butter
3 Frühlingszwiebeln, feingehackt
300 g Zuchtchampignons, in Scheiben geschnitten
60 ml Weißwein
200 ml Sahne

1 Das Hackfleisch vom Hähnchen, Paniermehl, Estragon, Zwiebel und Mayonnaise in eine große Schüssel geben und gründlich vermengen. Die Mischung in 6 gleich große Portionen teilen und 1½ cm dicke Pastetchen formen.
2 Eine große Bratpfanne erhitzen und dünn mit Öl bestreichen. Die Rissoles bei starker Hitze auf jeder Seite 8 Minuten braten; dabei nur einmal wenden. Wenn nötig in Partien backen (die Pfanne darf nicht zu voll sein). Aus der Pfanne nehmen und warm stellen, bis die Sauce zubereitet ist.
3 Zubereitung der Sauce: Butter in der Bratpfanne schmelzen lassen. Frühlingszwiebeln und Pilze hineingeben und bei mittlerer Hitze 5 Minuten weich dünsten. Wein und Sahne zufügen; Temperatur zurückschalten und ohne Deckel 10–12 Minuten ziehen lassen, bis ein Teil der Sauce eingekocht und dick ist. Sofort servieren.

Hähnchen-Waldorfsalat-Brötchen (oben) und Hähnchen-Rissoles in Pilzsauce

HACKFLEISCH VOM HÄHNCHEN

Register

Blätterteigrollen mit Rindfleisch-Pilz-Ragout in Brandy 16, *17*

Burger mit Mozzarella und Pesto 2, *3*

Fleisch-Kartoffel-Pastete mit Mandeln 14, *15*

Fleischpastete 8, *9*

Gefüllte Tomaten 18, *19*

Gefüllte Zucchini auf italienische Art 22, *23*

Hähnchen mit Süßkartoffelauflauf 58, *59*

Hähnchen-Eintopf 58, *59*

Hähnchen-Maiswürstchen mit Salsa Cruda 56, *57*

Hähnchen-Rissoles in Pilzsauce 62, *63*

Hähnchen-Tortillas 56, *57*

Hähnchen-Waldorfsalat-Brötchen 62, *63*

Hähnchenstrudel mit Rahm 54, *55*

Honig-Chili-Lamm mit Bohnen 46, *47*

Indische Hähnchenfrikadellen mit Sahne-Chutney 52, *53*

Italienische Fleischklößchen *46*, 47

Knusprige Paprika-Lammpastete 40, *41*

Kokosnuß-Hähnchencurry 52, *53*

Kräuterfrikadellen mit Karamelzwiebeln 4, *5*

Lamm-Burger mit Nüssen und Joghurtsauce 48, *49*

Lamm-Joghurt-Rauten mit Tabbouleh 34, *36*

Lamm-Rostbraten mit Aprikosen 42, *43*

Lamm-Spinatpastete 48, *49*

Lammkebab mit goldgelbem Pilaw 44, *45*

Libanesische Pita-Lammtaschen 34, *35*

Nudeln mit Lamm und Gemüse 36, *37*

Paprika-Fleischbällchen mit Nudeln 20, *21*

Pastamuscheln mit Hähnchen und Pesto 60, *61*

Pfannengerührtes Rind mit Vermicelli 14, *15*

Picknick-Burger mit Sahnemeerrettich 16, *17*

Pikante Crêpetorte 38, *39*

Pikante spanische Würstchen mit Bohnensalat 22, 24

Pizzastollen 32, *33*

Rind-Pimiento-Terrine mit Käse 6, 7

Rindfleisch-Kürbis-Risotto 6, 7

Rindfleisch-Pilz-Bolognese mit Käsepolenta 10, 11

Rindsklößchen mit würziger Tomatenbutter 20, 21

Rindsschmortopf mit Petersilienmakronen 11, 12

Schweine-Kalbfleisch-Kartoffelgratin 26, *27*

Schweine-Kalbfleischklößchen in Rahmsauce 30, *31*

Schweine-Kalbsravioli mit Rahmsauce 28, *29*

Schweine-Kalbsrolle auf kontinentale Art 30, 31

Schweine-Kalbstaschen 32, 33

Schweinefleisch-Frittata mit pikant gewürzten Äpfeln 24, *25*

Spaghetti mit herzhaftem Rindsragout 3, 4

Tagliatelle mit Lamm-Rosmarinwurst 40, *41*

Thai-Hähnchen und Bohnen 50, *51*

Würzige Fleischbällchen vom Grill 26, *27*

Würzige Rindfleisch-Empanadas 12, *13*